Jean-Claude Kaufmann

PIÉGÉE DANS SON COUPLE

ÉDITIONS LES LIENS QUI LIBÈRENT

ISBN : 979-10-209-0381-5

PIÉGÉE
DANS SON COUPLE

Introduction

Tout a commencé par le lit. Alors que j'enquêtais sur la tendre guerre qui se mène sous la couette*, plusieurs témoignages évoquaient une même image : non plus de simples petits agacements, mais une vraie souffrance. Des femmes expliquaient comment elles s'agrippaient au bord du matelas de peur de frôler le corps de celui qui avait été autrefois aimé, désormais haï. Pour mille raisons, elles ne pouvaient rompre, la fuite s'avérait impossible, elles étaient piégées. Dans ce qui était devenu un enfer, un enfer conjugal.

Les témoignages, vibrants, étaient très détaillés. Les émotions, y compris les plus négatives, poussent en effet à s'exprimer avec beaucoup d'ardeur et de

* Jean-Claude Kaufmann, *Un lit pour deux. La tendre guerre*, Lattès, 2015.

conviction. Les récits, criants de douleur et de vérité, avaient incité d'autres femmes à se raconter à leur tour. Effet boule de neige, abîme de tourments. Chacune se reconnaissait dans les confidences des autres, donnant envie d'aller encore plus loin dans l'auto-analyse et les révélations. Comme dans un rêve de thérapie collective.

Je fus embarqué un peu malgré moi dans cette aventure, craignant de décevoir les attentes. On m'avait livré un secret, intime et douloureux, en m'intimant de ne pas le garder pour moi ! Je devais tout dire, tout raconter. Le récit s'écrivit presque tout seul, tant se dégageait une cohérence d'ensemble. Le projet d'un petit livre en résulta. Mais le texte, cela devint vite évident, ne pouvait être publié ainsi, sans autres commentaires.

Car ce violent cri de femmes, créait un malaise. Il manquait manifestement quelque chose pour que le lecteur puisse se faire une idée réaliste de la situation. Ou plus exactement deux choses. D'abord, les hommes. Les témoignages expliquaient comment ils géraient la crise en s'enfermant dans le silence. On ne sera donc pas surpris que peu de paroles masculines aient été recueillies, très, très peu, une misère. Ce qui pouvait se passer dans leur tête paraissait assez incompréhensible, voire mystérieux. Pour le lecteur comme pour les femmes ayant vécu avec eux, d'ailleurs, qui n'avaient pas réussi à déchiffrer les pensées (très secrètes) de la partie adverse.

Il me fallait donc, d'une manière ou d'une autre, trouver le moyen de faire parler des hommes pour entrevoir ce qui se passait de l'autre côté du miroir. Et cela d'autant plus que se dégageait d'eux un portrait d'ensemble cohérent et crédible, mais tellement déplorable qu'il frôlait la caricature. Faibles, lâches, vindicatifs, mous pouvant devenir violents. Le portrait était parlant à sa manière, mais par ses exagérations il ratait sa cible. Seuls quelques hommes peuvent être vraiment ainsi, surtout en situation de crise conjugale ou de fragilité personnelle. Alors que d'autres développent toute une philosophie de la douceur et de la tolérance, si précieuse dans le couple. Peut-être même que certains comportements féminins pouvaient expliquer cet enfermement mutique des hommes en crise. Il fallait donc poursuivre l'enquête.

Il manquait aussi un autre élément essentiel : il manquait l'amour. Il n'y avait plus la moindre goutte de ce sentiment-là dans des relations dominées par le mépris et la haine. Quand l'amour se meurt, le couple dérive parfois vers des paysages arides, des mers desséchées que nous allons bientôt découvrir. Il peut aussi être emporté par de violentes tempêtes intérieures. Le pire, uniquement le pire, sans jamais rien connaître du meilleur. Or le meilleur existe aussi, bien évidemment.

Il était impossible de décrire l'anéantissement dans les pièges du désamour sans dire un mot du rêve d'amour, de l'immense rêve d'amour. Car nous n'avons jamais autant qu'aujourd'hui rêvé à l'amour. J'expliquerai pourquoi. Nous n'avons jamais autant rêvé à l'amour, mais ce rêve, justement, à mesure qu'il prend forme et s'amplifie, peut provoquer des souffrances infinies quand la réalité n'est pas à sa hauteur. Quand, au-delà du simple ennui de la routine ordinaire, le couple s'enfonce dans l'engrenage sournois des harcèlements discrets. Il n'est peut-être pas pire malheur que celui que l'on ne parvient même pas à nommer.

Des rêves qui font mal

Nous allons voir bientôt de dramatiques portraits de femmes souffrant le martyre mais incapables de s'arracher, par peur de l'inconnu, et surtout par amour. Des femmes hésitantes, partagées entre leur attachement de principe et leurs rêves d'un sentiment plus vrai et plus fort, qui emporte, remplit, donne goût à la vie. Hélas, plus ces rêves s'épanouissent dans les pensées, jusqu'à devenir de quasi-projets, plus ils font souffrir s'ils ne se réalisent jamais. Car, en s'investissant dans cette identité imaginaire devenue possible, la femme se détache encore plus de sa réalité présente, qui perd alors tout sens, ce qui accélère l'effondrement intérieur. En étant située entre deux réalités qui ne se réalisent pas (ou se réalisent mal), elle chute dans une sorte de vide qu'elle ressent à l'intérieur d'elle-même.

Vous lirez l'histoire très parlante, la triste histoire, d'Élise. Dès qu'elle se sent plus en forme et que les circonstances sont favorables (un déménagement, un nouvel emploi, une attitude du mari qui dépasse les limites habituelles et la pousse à se révolter, une rencontre), elle plonge dans son rêve au point de prévoir sa concrétisation dans un avenir très proche. Tout devient alors plus clair et plus facile, elle retrouve de l'énergie et de la joie de vivre. Mais elle semble hélas poursuivie par la malchance, car chaque fois un événement vient briser cet élan. Son énergie vitale disparaît, et les couleurs de son existence virent à l'obscurité profonde.

Les femmes piégées dans un couple où l'amour est mort souffrent d'autant plus qu'une parcelle de rêve romantique continue à les animer. Ce constat pourra ne pas paraître évident au début des récits. Élise et Nina racontent comment elles ont rencontré leurs futurs maris un peu par hasard, dans une suite d'anecdotes se situant entre rocambolesque et ridicule. Elles expliquent aussi avec beaucoup de franchise comment la volonté de se conformer à une norme, le souci de leur image, a joué un rôle crucial dans leur décision. Il n'y a là rien de surprenant, car c'est exactement ainsi que l'immense majorité des rencontres ont vraiment lieu, très loin de l'idée que nous nous en faisons. Cette idée, cette très belle idée bien sûr, venue justement de l'imagerie romantique (la révélation, absolue et immédiate, au premier regard échangé), n'existe que très rarement dans la vraie vie. Ou plutôt, si elle existe (le flash amoureux), elle n'est qu'exceptionnellement fondatrice d'une longue vie de couple. Ces débuts incertains n'empêchent pas Élise et Nina de rêver à un tout autre amour, qui les remplisse enfin et les entraîne. Le pire est quand, après avoir cru qu'elles pourraient s'envoler vers cet ailleurs, elles retombent dans leur monde de tristesse et de désolation.

Des histoires qui parlent

Les témoignages qui suivent sont rédigés au plus près des récits qui m'ont été offerts, et mes commentaires seront volontairement discrets. Car ce sont des histoires très fortes, qui parlent d'elles-mêmes. Tenter une explication de type sociologique ou psychologique d'un propos tire un fil dans un écheveau complexe pour le mettre en valeur, occultant le reste, l'énorme reste, touffu, d'une richesse infinie. Or, ici, c'est justement cet écheveau qui est intéressant, le croisement de facteurs très différents qui construisent insidieusement le piège.

Toutes les crises conjugales n'évoluent pas ainsi, vers le piège. Elles sont parfois plus bruyantes et expressives, scandées par des scènes de ménage telles qu'on se les imagine : cris, colères, claquements de portes et hélas, parfois, violences corporelles. En d'autres termes, plus passionnées, ouvertes, entières et brutales. Le piège se forme quand les deux partenaires ne souhaitent pas vivre les éclats de ces élans passionnels, et surtout quand ni l'un ni l'autre ne parvient à se dégager d'un amour de principe et inconditionnel (venu du plus profond de l'histoire, je l'expliquerai plus loin). Mis en condition d'aimer son conjoint pour le meilleur et pour le pire, comme dans la tradition chrétienne, il ne peut s'empêcher de continuer sa route quand ce pire advient. Y compris quand la base du contrat est rompue, quand la règle d'or de la confiance mutuelle (qui fonde désormais la vie conjugale) est brisée.

Nous allons voir toutes les étapes de cette descente aux enfers, l'effondrement de l'un qui entraîne l'effondrement de l'autre. Nous verrons comment le besoin de sécurité et le conformisme jouent sans aucun doute un rôle dans les débuts. Puis la tactique masculine de repli sur soi pour gérer les insatisfactions. Débouchant hélas – il s'agit d'un événement décisif – sur la rupture de la règle d'or de la confiance mutuelle, qui bascule très vite vers son contraire. Le mépris remplaçant la confiance. Comme si le mari à la dérive ne pouvait restaurer sa propre estime qu'en attaquant celle de sa partenaire. Voilà le mécanisme qui va produire le piège. Atteinte au cœur de soi, perdant son assurance et son énergie, la femme piégée se trouve privée des moyens qui lui permettraient de résoudre la crise. Sa souffrance l'incite alors à rêver de plus en plus à une autre vie, mais sans la possibilité de concrétiser ses rêves, ce qui à son tour va la précipiter dans un effondrement intérieur.

L'engrenage qui se met en branle est alors l'exact inverse de la règle d'or de la confiance et de la reconnaissance mutuelle, où chacun soigne mentalement l'autre en l'aidant à se sentir plus assuré. Ici, les deux partenaires poussent leur adversaire intime à tomber toujours plus bas, sans qu'aucun ne parvienne pourtant à se séparer. Il existe des divorces explosifs et violents, on ne saurait souhaiter cela à personne. Mais l'insidieux piège conjugal est sans doute encore plus pénible à vivre. Écoutez la douleur qui va suivre. À travers la souffrance qui s'exprime, on comprend comment se met en place le mécanisme infernal.

1
Cris de femmes

Nina m'avait envoyé ce mail: «Il ne m'a battue qu'une fois, pas très fort, une gifle. Je ne suis pas une femme battue mais je crois que c'est pire, je suis une femme sans vie.»

Nina n'est pas son vrai nom*, c'est le pseudo qu'elle a choisi pour rester un peu anonyme. Mais comment puis-je raconter sa vie sans la mettre en danger? Elle m'avait envoyé des pages et des pages, une soixantaine, mille détails précis émaillant les quinze années de son expérience conjugale, morne et terrible à la fois. Je pouvais masquer son vrai prénom, taire la ville où elle habite, l'entreprise dans laquelle elle travaille. Pour le reste, par contre, il m'était impossible de passer

* Tous les prénoms des personnes citées dans l'ouvrage ont été modifiés pour respecter leur anonymat.

les faits sous silence si l'on voulait comprendre ce qui lui était arrivé, ce piège invisible qui peu à peu l'avait anéantie, étouffée de l'intérieur.

Je lui avais fait part de mes craintes : on risquait de la reconnaître, son mari notamment : que souhaitait-elle vraiment ? Nina me répondit que je devais tout dire, absolument tout, qu'elle y tenait énormément, qu'elle était impatiente que le livre sorte. « C'est comme une bouteille à la mer, un message de détresse, je voudrais tant qu'il soit lu, je suis sûre qu'il pourrait aider d'autres femmes. Puisque je n'arrive pas à me décider à le quitter, une fois que tout cela sera connu, publié, je serai obligée d'agir. Votre appel à témoignages m'a offert une chance que je ne veux pas rater. Il me force enfin à agir. C'est pour cela que vous devez tout raconter. Merci. »

Une folle envie de se raconter

Nina n'était pas seule, les témoignages avaient afflué. D'abord peu nombreux et hésitants, les premiers récits postés sur mon blog* avaient joué ensuite un rôle d'entraînement. Par effet miroir, chacune se reconnaissait dans les mots de l'autre et avait envie d'expliquer son histoire à son tour, de crier sa souffrance. Au-delà des différences, une sorte de communauté se créait autour

* La partie publique des témoignages peut toujours être consultée sur le blog : www.jckaufmann.fr

de cette douloureuse expérience partagée. Beaucoup me remerciaient à n'en plus finir. Ce qui indiquait qu'il y avait là un gros problème de société, mais me mettait mal à l'aise, moi qui avais fait si peu de chose (pas compliqué de lancer un appel à témoignages !). Ce qui également faisait peser une grande responsabilité sur mes épaules : n'allais-je pas décevoir ces attentes si fortes ?

Je n'avais jamais rien vécu de semblable jusqu'ici. J'étais poussé, un peu malgré moi, à devenir une sorte de porte-drapeau d'une cause juste, mais souvent désespérée et sans solution. Comment allais-je me sortir de tout cela ? Beaucoup de récits, par ailleurs, débordants d'émotions trop longtemps contenues, étaient traversés par des contradictions et des sautes d'humeur ; cela n'était guère rassurant. À commencer par les ambiguïtés à propos de l'anonymat. Nina et Élise m'avaient raconté toute leur vie, sans rien me cacher de leurs pensées les plus secrètes, dans l'espoir que cela puisse figurer dans le livre. Pourtant, comme bien d'autres, elles avaient refusé de le faire sur l'espace trop public du blog : elles s'étaient confiées plus discrètement par e-mail.

Élise devait même s'organiser de façon clandestine pour écrire sa confession. « Veuillez m'excuser de reprendre aussi tardivement la suite de mon récit mais je ne peux accéder à Internet que lorsque mon mari est à sa séance de sport. Il serait trop risqué pour moi de rédiger un message aussi long avec sa présence dans la maison, par ailleurs je ne pourrais pas me concentrer correctement sur mon écriture de peur de me faire surprendre ! On dirait presque que je le trompe, c'est fou ! » J'avais posé à Élise la même question qu'à Nina, et elle m'avait fait la même réponse. Je pouvais, je devais tout dire, d'ailleurs son mari n'en saurait rien car il ne lisait pas de livres. Il n'en saurait rien, mais c'était finalement pour qu'il le sache qu'elle parlait ! « C'est un peu comme si je signais mon "pacte de non-retour" ! Je n'ai plus le choix si un jour c'est écrit noir sur blanc. Il ne faut pas que je renonce, il faut que j'aie le courage un jour de m'en aller. La vie fait bien les choses, votre appel à témoins tombe vraiment au bon moment pour moi, en fait ça n'aurait jamais pu mieux tomber. J'ai encore du mal à y croire, juste au moment où je décide qu'un jour je partirai. » Le livre allait enfin l'obliger à rompre.

Voici donc le récit d'Élise et celui de Nina, deux récits croisés autour desquels interviendront plus ponctuellement d'autres témoignages, tel un chœur soutenant la mélodie du duo central. Tout cela, vous le verrez, malgré les cas particuliers et les différences, nous fait entendre une même musique, douloureuse, celle des divorces impossibles. Bénédicte a lu l'intégralité des récits sur le blog : « Et c'est affolant de voir toutes les similitudes qui ressortent des divers témoignages. »

L'histoire d'Élise et celle de Nina sont fortes et intenses, pleines de rebondissements, de vrais romans (je maintiens ce terme, bien qu'Élise se soit fâchée quand je le lui ai dit : sa vie pour elle n'avait rien d'un roman, elle était pure souffrance !). Des histoires cependant racontées de façon confuse, décousue, mélangeant présent et passé.

Nina encore plus qu'Élise raconte, raconte et raconte encore, en tout sens, donnant l'impression de ne jamais vouloir s'arrêter. Ces mots qui sortent d'elle, je le sens, lui font du bien. Mais comment s'y retrouver dans cet embrouillamini ? Moi, il me faut un vrai récit, avec un début et des épisodes scandant l'histoire de vie. Je lui propose donc de procéder de façon chronologique. Et de commencer par leur rencontre. « Oh ! ça, déjà, ça a mal commencé, ça a commencé bizarrement, une drôle d'histoire. » Justement, j'ai très envie de l'entendre, cette drôle d'histoire.

Une drôle de rencontre

Tout s'était joué le jour du mariage d'Adrienne, sa meilleure amie. Nina se sentait très mal à l'aise. À 31 ans, toujours célibataire, elle commençait à se poser de sérieuses questions sur son avenir. Surtout depuis qu'Adrienne, sa complice de toujours, avait rencontré celui qui allait devenir son mari.

La sœur d'Adrienne, photographe de métier, était chargée d'immortaliser la journée de mariage. Nina se trouvait par hasard près d'Olivier, qu'elle connaissait à peine. La photographe leur avait demandé de se serrer un peu pour son cliché. Pourquoi diable avait-elle eu cette idée ? « Je m'en souviens comme si c'était hier. On s'est serrés bêtement, on a souri comme elle le demandait. Et là, elle a eu cette phrase idiote, qui allait avoir des conséquences désastreuses sur ma vie : "Quel beau couple vous faites ! Le couple idéal. Magnifique !" Elle avait sans doute dit ça comme ça, sans trop y croire, par politesse. Mais moi, cela m'est rentré dedans comme un coup de canon. »

Le couple idéal ! Pourquoi pas, finalement ? Olivier était assez beau, il parlait avec facilité dans son groupe d'amis, il semblait attentionné et gentil. Elle ne ressentait rien de particulier, mais n'était-il pas temps d'abandonner ses rêves de petite fille tombant amoureuse folle d'un prince charmant ? La vie n'est pas un conte de fées. L'image du beau couple qu'ils semblaient former calmait ses angoisses naissantes, elle lui faisait un bien fou en ce jour de mariage. Elle resta quelques secondes accrochée à Olivier. Ils rirent de la remarque de la photographe : « Le couple idéal ! On a répété ça comme des idiots autour de nous. On voulait plaisanter, mais en fait on voulait y croire aussi un peu. » Et ils restèrent ensemble toute la journée. Se revirent bientôt. Puis s'installèrent peu à peu dans la vie commune sans que rien ne semble pouvoir arrêter le cours des choses. « Ce jour-là, j'aurais mieux fait de me casser une jambe. » Le destin se joue parfois sur un coup de dés.

Nina porte un regard très critique sur son passé, se désolant d'avoir pris un chemin si éloigné de ses rêves romantiques. Et de toutes les occasions, qui lui apparaissent aujourd'hui évidentes, où elle aurait dû partir. À commencer par ce tout début : pourquoi s'était-elle laissé embarquer dans cette histoire qui n'était pas la sienne ? Pourquoi avait-elle continué ensuite, alors que jamais elle n'avait éprouvé une vraie attirance pour Olivier ni un vrai bien-être à se sentir à ses côtés ? « Je pensais que cela allait finir par venir un jour, même quand c'était de pire en pire. La vie était comme ça et je n'avais pas le courage de la changer. Je ne pensais même pas que je pouvais la changer, c'était comme ça, un point c'est tout. J'ai vraiment été trop idiote, je n'aurais jamais dû commencer cette histoire alors que je ne ressentais rien pour lui. » Nina n'est pas la seule dans ce cas : de nombreux récits pointent les débuts sans amour, qui auraient dû alerter. Ainsi Bénédicte se remémore-t-elle avec surprise et regret ces commencements problématiques : « Je crois que l'air était déjà irrespirable le jour de mon mariage. » Tout était-il écrit dès les premiers instants ?

Mais comment ça marche, l'amour ?

Ce constat me laisse pour le moins perplexe. Lors d'enquêtes précédentes, j'avais constaté combien les débuts du couple sont souvent hésitants, combien la rencontre amoureuse est la plupart du temps traversée par des émotions contraires. Face au modèle idéal venu de la littérature romantique (la révélation au premier regard), la vraie vie était souvent plus compliquée. J'avais même remarqué que des émotions négatives au début (gêne, peur, agacement) pouvaient se transformer par la suite et inaugurer une belle histoire d'amour. Mais Nina n'avait pas eu d'émotions négatives, elle n'avait pas eu d'émotions du tout. Son histoire avec Olivier avait commencé par du vide, du rien. Un monstre de vacuité qui n'allait cesser de se développer et de la ronger de l'intérieur jusqu'à la dévorer complètement.

Élise n'avait pas éprouvé une telle sensation de vide. Celui que nous appellerons Jérôme lui était même apparu comme « galant et attentionné ». Pas du tout son genre physiquement (« épais comme un sandwich SNCF », alors qu'elle préfère les hommes musclés), mais gentil et prévenant. La rencontre avait eu lieu à un moment-clé de son existence, alors qu'elle venait de dresser un bilan critique de son année de terminale au lycée, année de sorties échevelées. « Début de ma vie amoureuse, premières découvertes. Nous faisions la fête, bref, c'était extra, mais pas très sérieux.» Élise commence à se dire qu'elle ne peut pas continuer ainsi. Bien qu'encore très jeune, elle rêve déjà d'un avenir plus sérieux. L'amour, le vrai, bien sûr, si possible comme dans les films. Mais aussi, il ne faut pas trop rêver, le mariage, une famille, des enfants. «Je décide de changer un peu de groupe et sors avec un autre petit groupe de copines. Ce soir-là, en boîte de nuit, un jeune homme me colle un peu, il me plaît pas tant que ça et n'est pas bavard, j'accroche pas, mais à la dernière minute, alors que je vais quitter les lieux, il me rattrape et me propose un rendez-vous le surlendemain. Je me suis toujours demandé ce que je serais devenue si cette nuit-là il n'avait pas décidé de me rattraper à la dernière minute.»

Elle rentre chez elle dans une voiture où se trouve le meilleur copain de Jérôme, qui veut tout savoir et lui met la pression. «Mais si, Élise, c'est un gars sérieux, il souhaite une vraie histoire!» Car elle en doute très fort. Les arguments sur le sérieux de Jérôme finissent cependant par la convaincre. «Je me dis que, quand même, un mec sérieux, pourquoi pas?» Elle va donc au rendez-vous. Et toute la suite de son histoire sera celle des mille occasions (ratées) où elle aurait dû partir mais n'est pas partie. Sauf le premier rendez-vous. À la différence de Nina, en effet, celui-ci ne s'est pas trop mal passé ; la gentillesse caressante de Jérôme lui faisait du bien. C'est d'ailleurs là que le piège a commencé à se former d'une façon irrémédiable, venu des profondeurs de son enfance.

Amour et confiance en soi

Élise souffre d'un manque d'amour et de reconnaissance. « Mes parents ne m'ont pas donné assez confiance en moi étant gamine, je me rappelle que déjà, dans mes appréciations de CP, il était noté cette phrase qui allait me suivre toute ma scolarité : "Élise n'a pas confiance en elle." » Sa naissance n'avait pas été souhaitée. « J'étais la petite quatrième, pas attendue et surtout pas désirée. Ma mère était censée être en ménopause précoce, finalement elle s'est rendu compte un peu tard qu'elle était bien enceinte. Quand elle l'a appris, ce fut un drame pour elle. » Élise dit avoir toujours été dénigrée par sa mère quand elle était petite, et elle a un immense besoin d'aimer et de se sentir aimée.

Ce thème est un véritable fil rouge qui traverse la plupart des témoignages et explique la facette affective du mécanisme d'enfermement : les femmes piégées sont de grandes amoureuses déçues. Elles attendent tellement de la rencontre, elles sont tellement prêtes à se donner corps et âme qu'elles refusent de regarder leur terrible réalité conjugale en face. Le manque d'attention dont elles ont parfois souffert dans leur enfance peut fragiliser leur confiance en elles. Le conjoint le sent et en joue sans vergogne, poussant son avantage jusqu'au harcèlement moral qui lui permet de se défouler, sûr qu'il n'y aura pas de réaction.

« J'ai vu la façon avec laquelle il avait détruit la confiance en moi pendant toutes ces années, de manière insidieuse, sans avoir l'air de le faire », nous confie Dominique. Vivi, après des débuts conjugaux sans relief mais assez tranquilles, a senti une terrible mutation s'opérer : « Il est devenu autoritaire, sautant sur chaque occasion pour me dévaloriser, m'humilier en présence des enfants, mais jamais devant d'autres personnes, car il montre une image souriante et cool, alors que c'est tout l'inverse en famille… J'ai beaucoup pleuré à entendre ces méchancetés, d'autant qu'il me faisait croire que ça venait de moi. » Dan a même pensé à se tuer tant sa vie conjugale était devenue un enfer : « Aux yeux des gens, il était l'homme parfait, gentil, courtois, serviable…. COMÉDIE. Car, une fois la porte fermée, c'est une autre personne qui se dévoilait. Humiliations, manque de respect, harcèlement moral, tortures mentales, mensonges, mépris. Il a fait le vide autour de moi en me dénigrant, tout était toujours ma faute, normal il était parfait ! Me surveillait, fouillait dans mes affaires, me reprochait de me toucher en me lavant… de me limer les ongles pour pouvoir mettre mes doigts où vous pouvez l'imaginer… Que je rie avec des gens, il ne le supportait pas… Que je sois fatiguée, pas son problème, 1 jour sur 3 il fallait qu'il se soulage, si je dormais il me réveillait, et que je n'éprouve aucun plaisir, pas son problème… D'autres exemples ? Il y en a des centaines. La haine, le dégoût. »

Ces tristes histoires racontées par Vivi et Dan sont des cas extrêmes où la violence psychologique domine tout. Pourtant, elles sont loin d'être hors sujet, car très révélatrices de situations plus ordinaires. De fait, souvent, le mari distille sournoisement un dénigrement tranquille, moins visible, mais qui a un double effet : restaurer son estime de soi (il a raison sur tout et ses petits malheurs viennent de sa partenaire) et briser celle de son adversaire intime. Ainsi fragilisée, en perte de confiance, la victime ne trouve plus l'énergie nécessaire pour réagir.

Le piège devient d'autant plus redoutable que personne d'autre n'est au courant. La plupart des récits soulignent le contraste entre ce qui se passe à l'intérieur, dans le secret de la vie domestique, et l'image donnée à voir à l'extérieur. Nina ne trouve personne à qui expliquer ses souffrances, aucune oreille attentive, même parmi ses amies : « Mais de quoi tu te plains ? elles me disent, tu as une famille merveilleuse, un mari super. Le pire est que cette image complètement fausse de notre vie, j'ai participé moi-même à la propager au début. J'expliquais à mes copines que j'étais heureuse, que j'avais un mari super, qu'on faisait plein de choses super, alors que déjà c'était plus du tout ça. Quand j'y pense, c'est terrifiant: c'est moi qui ai propagé cette image qui allait ensuite me piéger.» Cette image trop belle, les futures victimes en avaient fait la propagande exagérée pour une raison évidente: elles voulaient elles-mêmes y croire, se rassurer, se convaincre que leur vie était bonne. Ou tout simplement normale.

La vie normale

Avec beaucoup de franchise, Élise me révèle ses petits calculs sur l'avenir quand elle a rencontré Jérôme. «Quelque part, j'avais aussi envie de vivre un peu ce que les autres vivaient, un couple rassurant, sécurisant, qui me redonne confiance en moi, me valorise aussi, car je me rappelle qu'à l'époque je prenais soin d'éviter les petits amis qui n'avaient pas d'activité, je souhaitais qu'ils soient étudiants ou actifs. Je me souviens d'avoir rencontré en soirée un charmant jeune homme qui me plaisait beaucoup physiquement (quoique pas non plus Brad Pitt, mais vraiment bien, je m'en souviens encore quatorze ans après!!!) et de ne pas avoir donné suite car il allait d'intérim en intérim! Aujourd'hui, je suis étonnée de ma façon de penser de l'époque, on était jeunes et c'est comme si j'avais voulu être de suite dans un couple sécurisant pour ne plus avoir à chercher quelqu'un. Parce que vouloir avoir un travail, c'est bien, mais finalement je n'étais pas si sûre que ça de réussir professionnellement.» Ses rêves romantiques et, tout bonnement, l'amour avaient été oubliés au profit d'une réassurance confortable. «Le besoin de reconnaissance sociale à travers une image sociétale idéale (le mari, les enfants, la maison, le monospace). Pas seulement, il y avait aussi la peur de l'abandon, d'être seule.» Les deux ne faisant qu'un, bien sûr, la peur de la solitude et l'insuffisante confiance en soi poussant à se réfugier dans un couple ayant tous les attributs de la normalité.

Je pense aussi à Claudia, qui était si sûre de «tenir son histoire», comme elle dit, qu'elle ne voulait plus la lâcher, malgré des débuts pour le moins chaotiques: «Ancien militaire, de la prestance, de l'éducation, de l'humour, bref, je me dis que je tiens enfin mon histoire. Nous partons en vacances, et il ne se passera rien au niveau sexuel; de plus, aucune caresse, aucun geste d'amour, et quand je commence à le questionner, il me dira qu'il ne pose pas de questions, lui! Je vais patienter, attendre, espérer ce geste qui ne viendra pas, cette non-communication affective, ce vide dans le lit. Je vais évoquer le fait que notre relation est fragile sans aucune marque réelle d'amour. Je vais me heurter à son silence et à son déni. Cela va durer quatre ans, pendant lesquels je vais attendre ce qui ne viendra jamais. Je vais attendre et espérer, parce qu'au fond de moi j'ai une peur terrible de la solitude. »

Un mariage de rêve

Élise rêvait surtout de mariage, d'un beau mariage. Et, pour commencer, d'une demande en mariage dans les formes, avec poses et imagerie romantiques, comme dans les films anciens. Jérôme lui déclara rudement qu'il n'était pas question qu'il s'abaisse à faire une telle demande. Pour le mariage, toutefois, il n'était pas contre. « Je me suis contentée de ça, et nous avons préparé pendant un an et demi un mariage de rêve dont tout le monde se souvient. »

Mariage, maison, enfants : un à un, tous les éléments du tableau idyllique se mettaient en place. Mais Élise avait de plus en plus l'impression de vivre dans un décor masquant une vie affective misérable. Elle prenait conscience qu'elle construisait ce piège sous le regard des autres, pour le regard des autres (notamment celui de ses beaux-parents, violemment critiques à son égard). « Pour plaire à des gens qui me détestaient, faire ce que tout le monde souhaitait que je fasse (trouver un bon travail, me marier, faire des enfants, avoir une belle maison, etc.). J'ai couru tout le temps sans m'arrêter, en me disant: "quand j'aurai ça, je serai heureuse", et quand j'atteignais un but, je me rendais compte qu'il ne m'apportait aucune satisfaction, du coup j'enchaînais immédiatement avec le suivant, une course éperdue au bonheur qui n'arrivait jamais.»

La fuite en avant permet de ne pas penser à la triste réalité présente: demain est toujours une promesse. Aujourd'hui, rétrospectivement, Élise est en colère contre elle-même: «C'était comme si je m'attendais à ce qu'un lapin sorte d'un chapeau. C'était ridicule, mais surtout, je m'en rends compte, une façon de continuer à me voiler la face.» Dominique a adopté cette même politique de l'autruche: «J'ai vécu tout ce temps sans témoignage de tendresse, mais je m'en contentais, car je me faisais mon film. J'ai continué, le nez dans le guidon.» Anne ne comprend toujours pas pourquoi elle est restée malgré toutes les marques de désamour et de mépris: «Mais je suis restée. J'ai continué à me détruire, je ne sais pas encore pour quelle raison. Je me demande bien pourquoi on s'acharne comme ça à se faire souffrir.» Elle a témoigné, justement, pour tenter d'élucider le mystère. Hélas, observe-t-elle, «à me relire, je ne me comprends pas plus…». Bénédicte n'a même pas eu de mariage de rêve, l'air était irrespirable dès le début. «Pourtant, je suis restée… J'avais pris un engagement, je me sentais obligée de l'honorer jusqu'au bout.» Pour elle aussi il y avait cette idée que des lapins pourraient sortir du chapeau, que la suite pourrait être meilleure, notamment avec l'arrivée des enfants. Erreur! Les enfants allaient au contraire renforcer l'enfermement; impossible de partir, du moins tant qu'ils seraient petits.

«C'était ma vie de couple qui me tuait»

Et puis il y a les autres, proches ou moins proches, tous ces autres qui disent que l'on a tort de se plaindre. Cristina était excédée: «Le pire, dans cette histoire, c'est que, lorsque j'essayais d'expliquer ce qui se passait, tout le monde, mes propres parents compris, disait que c'était moi la folle, que je me faisais des idées, que c'était un garçon extraordinaire et que j'avais un problème si je ne réalisais pas la chance que j'avais, qu'un homme m'aime à ce point.»

Un tel écart entre l'image et la réalité (ce que les spécialistes appellent une dissonance cognitive) produit une électricité mauvaise dans les pensées, et souvent des idées extrêmes. Des idées de suicide ou de meurtre comme seule solution à des situations invivables et sans issue. «Personne ne peut imaginer ce que l'on ressent dans ce genre de situation. C'est illogique, viscéral, terrifiant... Il s'en est fallu d'un cheveu», confie Cristina. «J'ai songé à en finir, explique Lounhia.

Emmener les enfants à l'école un matin et aller me foutre en l'air avec ma voiture. Il m'a fallu du temps pour comprendre que c'était ma vie de couple qui me tuait. »

Ces idées, heureusement, restent dans le domaine des rêves (s'il y a eu des passages à l'acte, on ne m'en a pas parlé ou on n'était plus là pour m'en parler !). Ou plutôt des cauchemars. Il a beaucoup été question de cauchemars étranges et culpabilisants, quand une mort soudaine entrevue au plus noir de la nuit donne paradoxalement un peu de lumière à l'existence. « Si vous saviez le nombre de fois où j'ai rêvé de devenir veuve… Eh bien non, faut croire que les cons ont la peau dure », dit Nina. Lorsque seule une violence imaginaire permet de se libérer un peu, cela prouve à quel point le piège dans lequel on est enfermé est terrifiant.

On ne se méfie pas assez des images ; elles ne sont pas que de simples apparences, elles peuvent faire très mal et briser une vie. Certes, la confection de belles images de sa vie familiale est une pratique courante destinée à consolider l'estime de soi. Violette en parle très bien : « Combien ont une arrière-boutique qui ressemble à la vitrine qu'ils exposent ? Sûrement pas autant que l'on croit, mais ces "faux couples parfaits" faussent la réalité des autres, qui se croient seuls à vivre une désolation en arrière-boutique. » Les effets de telles images idéalisées peuvent devenir encore plus ravageurs quand on alimente soi-même le mythe, comme Élise et Nina. Mamie55 regrette désormais d'en avoir fait autant : « Nous avons commis une grave erreur pendant longtemps en continuant de faire croire que notre couple allait bien. » Et Gininon semble lui répondre en écho : « Je suis enfermée dans l'armure que nous nous sommes confectionnée pour protéger notre couple et notre famille, et je me sens prisonnière d'un mirage. »

« Il n'y a rien de pire que le silence »

Nina, elle aussi, avait très peur de l'avenir, peur de devoir l'affronter seule, peur de se retrouver « vieille fille », moquée par tous les gens mariés, les gens normaux. « Quand Adrienne m'a dit qu'elle allait se marier, cela m'a fait un choc, j'ai commencé à paniquer, vraiment. » Olivier était « assez beau », dit-elle, « déjà un peu absent-ailleurs, mais assez beau ». Elle se rassurait par l'image qu'ils présentaient au regard des proches (depuis la remarque de la photographe). Elle pensait même pouvoir devenir amoureuse un jour ; c'était son lapin à elle, promis à sortir d'un hypothétique chapeau. Elle en voulait pour preuve les fois où ils sortaient en public, avec des amis ou en boîte de nuit. Olivier était volubile, très à l'aise, animateur des soirées. Il avait même vis-à-vis d'elle des gestes attentionnés qui pouvaient ressembler à des gestes amoureux, qui la surprenaient (agréablement) et la déconcertaient. « Aujourd'hui je sais que c'était pour la galerie et uniquement pour la galerie. Il jouait un rôle, je ne sais toujours pas pourquoi. » Car, à peine rentrés chez eux, le contraste était frappant. Olivier n'était pas violent, ne criait pas. Il s'enfermait dans le silence. De plus en plus. Absent même quand il était là. « Il n'y a rien de pire que le silence. Parce que je n'arrivais pas à comprendre ce qui était en train de se passer. Quand je lui demandais, il ne me répondait rien, ou deux mots qui ne voulaient rien dire. »

L'ambiance qui s'installa était étrange, sans conflits mais empreinte d'une tension impalpable, d'un malaise rampant. « Je pense qu'il y a quelque chose qui n'allait pas chez lui, qu'il n'était pas heureux, mais il n'a jamais rien dit. Je ne sais toujours pas pourquoi on s'est enfoncés comme ça dans cette horreur. » Au bout de quelques mois, ils ne regardaient même plus la télé ensemble, ne faisaient plus rien en commun, excepté une sexualité routinière qui ne lui procurait aucun plaisir. Et les repas. Nina s'accrochait aux repas, car il lui semblait qu'ils pouvaient être (enfin !) l'occasion d'un minimum d'échanges. Olivier, en effet, était gourmand et prenait un plaisir évident à manger. Nina, bonne cuisinière, réalisait des exploits pour entendre parfois un « C'est bon ! » qui résonnait à ses oreilles comme un merveilleux mot d'amour adressé à elle particulièrement.

Hélas, deux ou trois « C'est bon ! » de temps en temps ne suffisent pas à remplir une conversation. Le silence qui s'abat sur leurs repas crée une gêne insupportable. Nina ne sait comment le rompre. « Si je parle pour deux, je sens que cela le fatigue et qu'il se referme encore plus. Le pire dans cette histoire est que lui n'a pas l'air de souffrir du silence. Il mange lentement, le nez dans son assiette. Par moments, j'ai envie de tout envoyer en l'air ! »

La petite mort du couple

Presque tous les témoignages, plus d'une centaine, m'ont parlé du silence, du rapetissement de la vie, de l'effondrement intérieur de l'un provoquant l'engloutissement de l'autre, une sorte de petite mort du couple par extinction progressive de la parole, des sentiments, des désirs, des attentions. Les spécialistes de la vieillesse parlent de « déprise » pour qualifier le décrochage graduel qui transforme la vie en non-vie avant même que la mort ne survienne. La télé, par exemple, est encore regardée, mais sans être vraiment vue ni entendue, même si le son est au maximum. Ce qui se passe dans le couple est un mécanisme identique : une déprise conjugale qui fait plonger dans une vie ralentie, anesthésiée. Il suffit que l'un commence mystérieusement à décrocher pour qu'il entraîne l'autre au fond du gouffre. Parfois sans un cri, sans un mot.

Alice a ressenti un vrai choc en lisant mon appel à témoignages : « La lecture de votre article m'a bouleversée, émue aux larmes tout d'abord puis ébranlée. Depuis très longtemps, pour ne pas dire toujours, mon mari ne me défend pas, ne gère rien à la maison et surtout, depuis près de deux ans, ne me fait plus l'amour. J'ai pensé pendant de nombreuses années, à tort, que les choses allaient changer et que nous allions réussir à trouver l'harmonie dans notre couple ; mais non. J'ai remarqué que si je ne venais pas vers lui, nous ne faisions pas l'amour ; j'ai arrêté de venir vers lui et il n'a eu aucune réaction pendant six semaines (et encore, j'ai craqué au bout de cette période). Puis j'ai remarqué que si je ne venais pas lui parler, on ne parlait pas. Enfin, j'ai noté que si je ne proposais rien, nous restions à la maison sans rien faire, sans parler, sans faire l'amour, sans sortir. En fait je ne voulais pas voir que nous n'étions déjà plus en couple. Alors je lui parlais sans cesse, lui proposais des solutions qu'il acceptait, il promettait mais ne faisait rien. Vos mots, l'"indifférence", "le couple qui se vide de sa substance", "plus rien ne les relie", ont résonné en moi tel un poignard. »

Il existe des couples qui, pendant toute une vie, n'ont de couple que le nom. Catherine se souvient de ce soi-disant mari qui ne sortait de son indifférence que pour la dénigrer : « Il était absent de toute façon, qu'il soit là ou non. Un homme qui n'était jamais disponible, n'avait jamais envie de rien avec moi, passait son temps au téléphone quand nous étions ensemble, me faisait savoir discrètement mais sûrement que j'étais mal habillée, mal coiffée, que mes propos n'étaient pas les bons, qui me touchait de moins en moins. »

La vie bancale et triste

Comparativement, Hélène ne devrait pas avoir à se plaindre, car dans sa grisaille ordinaire il y a malgré tout « un peu de sexe et une forme de respect, pas de disputes, pas de violence ». Mais rien d'autre, absolument rien d'autre. « La vie a usé notre amour et je me mure dans un silence buté. Je fuis, je me cache, je m'enterre. La vie suit son cours, bancale et triste. Ce qui m'attend, je n'en sais rien… et j'ai si peur. » Élise aussi a très peur, surtout depuis qu'elle a eu des visions de suicide, de plus en plus obsédantes : « Je me vois pendue dans ma cage d'escalier. Je vais voir un médecin remplaçant tellement j'ai honte de moi. Quand j'annonce à mon mari que je dois aller voir un médecin et pourquoi, je lui dis donc mes visions, il est allongé sur le canapé à regarder la télé, il me dit "ha" et ne tourne même pas son regard vers moi.» Sylvie a des craintes plus ordinaires: la hantise des week-ends et des vacances, quand ils se retrouvent ensemble toute la journée. «Il est toujours fatigué, envie de rien, colères, exaspération, ordinateur. Moi, pas mieux…» Des colères. Car, dans cet océan de silence et de vide, des accès de violence peuvent soudain se produire, révélant les tensions et les malaises sous-jacents.

«Entre nous je ressens de l'indifférence, du mépris, de la haine», dit Bénédicte. L'absence de respect, prenant une forme plus ou moins prononcée de mépris, a été citée dans la plupart des témoignages. C'est ce mépris rampant qui crée l'indifférence. L'autre semble encore là, mais ce n'est plus lui, seulement son fantôme. «J'ai l'impression de vivre une petite mort auprès d'un étranger qui ressemble à l'homme que j'ai aimé», dit très joliment Gininon. Elle aussi se retire d'une relation qui n'en est plus une. «Il n'y a plus de tendresse, pas le moindre contact, un non-contact dans notre lit», confesse Marie, avant d'expliquer combien cette double solitude peut facilement générer haine et violence: «Une grande colère règne entre nous, de nombreux reproches, déceptions, mots très violents, humiliants…» Le vide et le silence peuvent brusquement être remplis par des cris et des coups.

Des éclats de violence

Nina me l'avait dit dès le début: «Je ne suis pas une femme battue, mais je crois que c'est pire, je suis une femme sans vie.» Les femmes qui vivent dans un couple se vidant de sa substance sont dans une situation assez différente de celles qui ont un mari violent, faisant alterner déchaînements de coups et repentirs. Elles au moins affrontent un ennemi identifiable: leur couple, d'une certaine manière, est vivant, semble penser Élisabeth, qui rêve que son mari la frappe un jour pour être forcée à prendre enfin la décision de partir.

Cristina, Élise ou Nina ne sont pas de cet avis: la violence est la violence, et il n'y a rien de plus terrible à vivre. Dans les couples mornes, quand elle explose, c'est seulement en pointillé, parfois de façon contenue ou masquée, marginale. Mais elle peut faire très mal. Le mari de Cristina, champion de boxe, présentait comme un jeu le fait de la faire monter sur un ring imaginaire, «sous prétexte de m'apprendre à me défendre». Mais c'était bel et bien pour la punir quand elle tentait de se révolter, et elle était rouée de coups. Pour Élise, les coups sont arrivés un jour, par surprise, dans un moment de grande tension et de fatigue pour le couple (Jérôme dépensait en cachette l'argent qu'elle tentait d'économiser pour la famille):

« Il a disjoncté lors de notre entrée dans la maison que nous avions fait construire. Non content de jouer nos économies au poker alors que nous avions besoin de cet argent pour préparer l'arrivée du bébé, il s'est mis à me donner des gifles dès que je réclamais de l'attention, la grossesse n'arrangeant pas les choses. Les violences ont dégénéré après la naissance. Il a fallu que je dépose une main courante auprès de la gendarmerie et qu'il prenne peur d'avoir un casier judiciaire et de voir son avenir professionnel bloqué pour qu'il arrête. Enfin, presque, mais je le tiens à distance des plus graves violences grâce à ça désormais. »

Nina, au début, se battait contre le silence ; rien ne lui semblait pire que le silence. Elle se donnait corps et âme en cuisine pour imaginer des plats qui lui apporteraient la joie d'entendre quelques pauvres « C'est bon ! ». Surtout les desserts – Olivier adore les desserts. Avec une préférence pour les îles flottantes, sa petite madeleine à lui, qui lui vient de l'enfance. Il lui avait même dit un jour que ses îles flottantes étaient aussi bonnes que celles préparées autrefois par sa mère. Hélas, Nina avait remarqué que les « C'est bon ! » étaient de plus en plus rares. Elle avait beau multiplier les desserts exquis, il les mangeait désormais en silence. Jusqu'à ce jour terrible, qui la fait encore trembler aujourd'hui. Il s'était soudain levé, sans un mot, et d'un geste de l'avant-bras avait propulsé le plat d'îles flottantes contre le mur de la cuisine. Puis il avait frappé plusieurs fois la table du plat de la main, avec une violence inouïe. « Je croyais déjà vivre en enfer, mais c'était comme si je venais d'un coup de perdre le paradis. Je ne comprenais rien à ce qui se passait, le bruit était infernal, il y avait de la crème anglaise partout, et il y avait dans l'air une violence inimaginable. Nous étions tous les deux debout, sans un mot. » Et tremblants : elle de peur, lui d'une mystérieuse colère longtemps retenue.

Une semaine de camping à la mer

Nina me raconte comment les cauchemars d'engloutissement commencèrent alors à peupler ses nuits. Elle s'enfonçait dans des sables mouvants ou autres matières, jusqu'à étouffer et mourir. Elle sombrait de plus en plus dans des crèmes dessert épaisses, collantes, suffocantes. « Je me débattais, j'essayais de m'accrocher aux petites îles flottantes, mais les blancs d'œuf étaient bien trop fragiles et se déchiraient. » C'en était trop. Elle fut à deux doigts de rompre et réussit presque à le lui annoncer : « Je lui ai dit que ce n'était plus possible de continuer comme cela, vraiment plus possible. » De façon étonnante, il réussit à lui répondre et à confirmer à sa manière ce constat : « Il n'a pas fait tout un discours, faut pas rêver, il a juste répété ce que je disais, “on ne peut pas continuer comme ça”, sans rien expliquer de son comportement incompréhensible, sans rien proposer non plus, bien sûr.»

C'était au mois de juin, et Nina lui suggéra l'idée d'une semaine de camping au bord de la mer, en août, pour faire le point. «Je rêvais encore, c'est mon côté romantique, je pensais que dans cette ambiance décontractée, rien que nous, on arriverait enfin à parler. En fait cela a été une très, très mauvaise idée. D'abord parce que cela a aussitôt fermé la discussion qui enfin avait été ouverte, on a tout renvoyé à l'été. Ensuite parce que la semaine à la mer a été un enfer, encore pire que tout ce que j'avais vécu jusque-là.» Il avait plu, ils étaient restés enfermés dans le mobilhome et n'avaient pas réussi à rouvrir la discussion comme après la scène violente des îles flottantes. Nina s'effondra en pleurs, des torrents de pleurs. «Cela m'est venu comme cela, c'était impossible à arrêter, je pleurais très fort pendant un bon moment, puis cela semblait s'arrêter un peu, mais d'un seul coup cela recommençait de plus belle. Il m'a dit d'arrêter, mais je ne pouvais rien y faire, et plus il me criait d'arrêter, plus mes larmes coulaient. J'ai dû en verser des litres, c'était incroyable. Comme le soir des îles flottantes, il a tapé sur la table, de plus en plus fort, et cela me faisait pleurer encore plus fort. On a eu beaucoup de mal à tenir toute la semaine.»

Olivier ne la touchait jamais, sauf pour faire l'amour, de façon un peu brusque et directe, sans mots ni gestes de tendresse. Nina pense que c'est lors de cette fameuse semaine dans le mobil-home que fut conçu leur bébé.

Le bébé

Elle fut émerveillée et terrifiée à la fois par cette nouvelle. Comment allait-il réagir quand elle la lui apprendrait ? « Je m'attendais au pire, au silence, ou qu'il se mette encore à frapper la table, à crier. Ce fut au contraire incroyable, il me regarda (cela faisait longtemps qu'il ne m'avait pas regardée) et me demanda : "C'est vrai ?", visiblement ravi. Il ajouta même quelque chose du genre : "C'est super !" Croyez-moi, des paroles comme cela, elles valaient plus que de l'or pour moi, j'en aurais pleuré (de joie cette fois-ci). » Olivier évoqua aussitôt les problèmes d'aménagement de la chambre. Il parlait ! Presque passionné par ce projet. Il ne tarda pas d'ailleurs à mettre ces paroles en actes, bricolant avec ardeur. Le couple était-il en train de se rabibocher autour du chantier de la petite chambre ? « Je ne savais trop quoi penser, j'étais déchirée. J'étais heureuse évidemment, surprise et heureuse, j'aurais dû ne pas me poser de questions. Mais je n'arrivais pas à y croire, et puis il y avait quelque chose de pas complètement net.

Il bricolait, sciait, rabotait, peignait, il parlait des travaux, des couleurs. Mais quand j'y pense maintenant, je vois bien qu'il n'arrivait pas vraiment à parler du bébé. J'ai l'impression qu'il aurait aimé être père, mais que c'était un peu trop pour lui. » J'ai envie d'ajouter qu'il aurait peut-être aussi aimé être un mari, mais que cela aussi était trop pour lui. Le bébé représentait une tentative désespérée pour remettre du vent dans la misérable voile de leur radeau de la méduse. Il aurait fallu pour cela qu'il y ait des circonstances improbables, des hasards heureux, de petits miracles. Il n'y eut pas de miracle.

Le bébé naquit dans les pleurs, des pleurs interminables. « C'est comme si elle n'était pas bien dans sa peau, la pauvre bout' chou, comme si elle avait senti le manque d'amour qu'il y avait dans cette maison. C'est peu de dire qu'elle ne faisait pas ses nuits, elle pleurait tout le temps et enchaînait maladie sur maladie. J'étais épuisée, Olivier était de plus en plus énervé, surtout quand j'ai recommencé à pleurer moi aussi. Il a recommencé à frapper les tables et un peu partout. Ensuite il est parti dormir sur le canapé du salon, ce qui l'a calmé un peu. » Hélas, c'était pour s'enfermer à nouveau dans le silence.

Couple parental et couple conjugal

Beaucoup de témoignages, souvent moins dramatiques que celui de Nina, soulignent combien l'arrivée de l'enfant était vue comme une bouée de sauvetage pour le couple, le lapin le plus merveilleux sortant magiquement du chapeau. Il y avait eu cette fuite en avant, tête baissée pour ne pas voir les horreurs de la réalité présente, cette capacité sans fin d'amour poussant à pardonner sans cesse et à espérer abstraitement dans l'avenir. Le bébé formait, lui, une vraie promesse. Combien de couples ne dépassent-ils pas la pauvreté et la difficulté de leur face-à-face par l'ouverture d'une nouvelle séquence de vie, parentale? Ils se transforment en équipe soudée autour de l'enfant. Il y a tant à penser, à dire et à faire qu'ils ne se rendent même pas compte que le couple conjugal a un peu disparu. Si un tel glissement opère pour la majorité, pourquoi cela ne serait-il pas possible également quand le diagnostic de mauvaise santé conjugale est plus grave?

Or, quand le couple s'est métamorphosé en piège de désamour, c'est plutôt le contraire qui se produit. Certes, l'équipe parentale peut vaguement se former, avec plus ou moins d'enthousiasme. Mais le piège se referme soudain de façon beaucoup plus lourde, et peut même apparaître désormais comme irrémédiable. Élise raconte qu'après la naissance du bébé elle a senti le changement d'attitude de Jérôme. Il était certain désormais qu'elle ne pourrait plus partir, et pouvait se permettre encore plus de comportements désobligeants. Nicole confirme: «Je m'attendais à ce qu'il soit plus présent et attentionné, parce qu'il y avait à s'occuper du bébé, mais ce fut le contraire, cela m'a beaucoup surprise et déçue. Il se permettait une ironie méprisante, se moquant de moi avec désinvolture, comme il n'avait jamais fait auparavant. Comme s'il pouvait se "lâcher" désormais, comme on dit, et exprimer son indifférence égoïste et sa méchanceté glaciale. J'étais déconcertée, je me suis raccrochée à mon enfant et il s'est moqué encore plus de moi. J'avais tellement peur que mon enfant en subisse les conséquences que je l'ai sans doute surprotégé. Et cela m'empêchait encore plus de pouvoir quitter ce mauvais mari et ce mauvais père. Cela fait quarante ans que nous sommes ensemble, sans le meilleur et pour le pire. Et je suis toujours avec lui.» Même Cathy, qui avait pourtant connu au début une «belle histoire», a soudain déchanté après la naissance: «Ce fut une belle histoire pendant quatre ans, jusqu'à ce que je sois enceinte de ma fille. La relation s'est petit à petit éteinte. Pourquoi? Ma conviction est qu'une fois enceinte, il était certain que je resterais avec lui. Et petit à petit nous sommes devenus colocataires tout en nous occupant de notre fille. Cette vie est devenue terne et sans saveur.»

Au lendemain de la naissance, ou quelques années plus tard, nombre de femmes piégées dans un couple morne et destructeur font un retour critique sur leur passé. Elles s'aperçoivent avec surprise que, alors qu'il leur sera maintenant très difficile de partir, ce n'était pas le cas avant la naissance. Elles auraient pu, elles auraient dû partir, à mille occasions diverses. Par amour, par peur, par lassitude, elles ont refusé de voir ce qui leur paraît tellement évident aujourd'hui. Pourquoi, mais pourquoi donc n'étaient-elles pas parties, alors que c'était si facile ? Elles revivent avec tristesse quelques moments forts, particulièrement pénibles, où il aurait suffi d'un mot venant d'elles pour tout arrêter. Leurs occasions perdues. Elles n'avaient pas compris que la vie se construit (d'un poids qui finit par peser des tonnes) par la simple succession des jours. Attendre le lendemain, parfois, c'est perdre ces instants rares où des bifurcations se présentent. Où il suffit de changer de chemin.

Les occasions perdues

Élise et Nina m'ont raconté dans le détail leurs occasions perdues ; deux histoires assez différentes. Car dès les tout débuts, dans un coin de sa tête, Élise a eu l'idée de partir. Elle y pensait sans cesse, élaborait des scénarios et calculait les conséquences. À plusieurs reprises, elle a failli le dire à son mari et le faire, vraiment; il s'en est fallu d'un rien. Ce qui la remplit de regrets aujourd'hui, quand elle constate combien cela aurait pu être facile alors: «Si seulement on pouvait remonter le temps!» Nina, au contraire, est entrée dans la vie conjugale comme un cheval aveugle, continuant sa course en avant qu'il pleuve ou qu'il vente. Au moins jusqu'à l'épisode terrible des îles flottantes, quand cette soudaine violence lui avait donné envie de fuir sur-le-champ. «Cela m'est venu comme un éclair, je n'y avais pas vraiment pensé avant, ou bien j'oubliais très vite.» Et l'on sait ce qu'il advint, la grande explication remplacée par le projet de vacances, la funeste semaine à la mer. Nina s'en mord les doigts, elle aurait dû partir ce jour-là, claquer la porte de la cuisine. Elle aurait dû partir bien avant d'ailleurs, quand ils s'installaient lentement dans la vie commune sans même qu'elle s'en rende compte.

Élise me raconte l'incroyable enchaînement qui l'a empêchée de fuir alors qu'elle aurait dû le faire à chaque fois. Elle aurait dû, pour commencer, ne pas se rendre à leur premier rendez-vous; elle n'en avait pas envie. Elle y était allée et l'avait trouvé attentionné, alors qu'elle était en demande d'amour. Il était sérieux également (peut-être un peu trop d'ailleurs), alors qu'elle voulait rompre avec les petites amourettes d'un jour. Un peu comme Nina, elle se laissait glisser, sans passion, dans cette histoire. Très vite, Jérôme avait voulu l'emmener de l'autre côté de la France, pour rencontrer ses parents, dans un petit village perdu. Le choc ! Élise me décrit des Thénardier des temps modernes, mesquins, butés, méchants. Elle ignore encore qu'elle va devenir la pauvre Cosette sur laquelle ils vont s'acharner. Le patriarche misogyne est en colère contre le monde entier, y compris sa propre famille. « Une horreur ! À ce moment-là, je me suis dis que ce n'était pas possible, je ne les sentais pas. » Mais elle tente d'oublier, se réfugiant dans ses belles images de mariage, de famille, de maison.

Elle n'oubliera pas longtemps, cependant ; c'est au creux du lit qu'elle va comprendre, elle n'a soudain plus envie de faire l'amour avec cet homme, dont elle découvre les ressemblances physiques avec son père, l'horrible Thénardier. Elle se refuse à lui. « Je sais qu'ensuite je n'ai eu de cesse de vouloir mettre un terme à cette relation. Est-ce que j'étais trop jeune pour me sentir m'engager dans une voie qui ne me correspondait pas (22 ans) ? Ai-je vu mon avenir en voyant ces gens ? » Elle était clairement décidée à rompre. Mais, en remettant chaque jour la décision au lendemain (d'autant plus facilement qu'ils ne vivaient pas ensemble, lui étant dans son logement, elle toujours chez ses parents), elle permit à cet équipage improbable de poursuivre sa route, cahin-caha, pendant deux ans.

Deux ans, une éternité. Pendant laquelle il aurait été si facile de partir ! Ce qu'elle n'avait pas réussi à provoquer de sa propre volonté va lui arriver par surprise, à l'occasion d'une rencontre avec un ami de Jérôme. « Je craque dessus. Je dis bien "craquer", car ce n'était pas un coup de foudre, mais plus une attirance physique, alors que je ne désirais plus mon conjoint. Je décide à ce moment de me séparer de lui. Pour lui, c'est le drame. »

Une métamorphose amoureuse très suspecte

Comment ne pas penser que cette aventure avait été inconsciemment souhaitée pour lui permettre enfin de se décider ? Élise avait-elle réussi, s'était-elle libérée du piège qui commençait à l'enfermer ? Hélas, non. Nous verrons par la suite plusieurs fois ce cas de figure : le compagnon qui jusque-là était transparent et inexistant, mou et absent (sauf lors de quelques pointes de colère violente), se transforme alors en amoureux transi, en victime éperdue et pleurnicharde faisant vibrer les trémolos du chantage affectif. « Il campe presque devant la porte d'entrée de la maison de mes parents, je me cache dans ma chambre, laissant ma mère dragon cracher ses flammes pour l'éloigner ! "Elle est majeure, laisse-la prendre ses décisions !" » C'est la première fois qu'Élise entend sa mère la défendre. Et elle aurait dû l'écouter. Au lieu de cela, elle se sent émue par les pleurs de ce soupirant sous ses fenêtres. « Je crois que ça a été la première erreur. Je n'aurais pas dû me laisser "reconquérir" misérablement par ce type. J'ai été fainéante, peu sûre de moi. Je me sens encore brouillon à cet âge, quoi de plus normal à 22 ans. Nous reprenons les choses où nous les avons laissées, une année de plus se passe, dont je ne me souviens pas de grand-chose, étrange comme j'ai coupé, tronqué cette histoire dans ma tête, comme des trous noirs. Je sais par contre que l'envie physique n'a plus jamais été là, mais que je faisais comme tout le monde. Je crois que j'avais commencé à me détacher de mon corps. »

Leur drôle de vie conjugale recommence, et bientôt progresse vers de nouvelles étapes d'installation domestique ; ils projettent d'acheter et visitent donc des logements. Une nouvelle scène, d'apparence anodine, va alors la surprendre et lui révéler qu'il y a décidément quelque chose qui cloche dans leur relation. Face à l'agent immobilier, alors qu'ils pensent avoir un coup de cœur pour le logement mais restent hésitants, Jérôme sort son téléphone et appelle ses parents. « Je suis à côté de lui et j'entends tout, il se fait engueuler comme un gamin de 5 ans. Je suis estomaquée, je me rends compte que ce n'est pas un homme mais un enfant que j'ai devant moi. » Les Thénardier sont donc encore à l'origine d'un nouveau déclic dans sa tête. Elle pense sérieusement, cette fois, à lui dire que c'est fini. Hélas, c'est à ce moment précis que le contrat de travail de Jérôme n'est pas reconduit, il se retrouve au chômage. « Il est dévasté. Il est "en panne", dans tous les sens du terme… Même si je n'ai pas beaucoup de désir, je le réconforte autant que je peux et l'envoie voir un sexologue, car il souhaite malgré ses soucis avoir des relations mais n'y arrive pas. Je suis gênée, lui aussi, je me fâche, bref, une tension en plus ! »

Une tension, des agacements, mais la souffrance du conjoint interdit la rupture à ce moment-là. Cela aussi revient comme un leitmotiv dans les histoires de divorce impossible : la peur de faire du mal à l'autre que l'on sent en souffrance, l'amour dans ce qu'il a de plus généreux et humain, inconditionnel et systématique. L'amour-agapè, ce si merveilleux sentiment qui parfois peut se transformer en élément-clé du piège. Et puis, il y eut la visite des appartements. « Ce n'est pas vraiment le moment de penser à rompre avec cet homme dont je sais très bien qu'il ne voudra plus que je parte comme ça maintenant, c'est comme si j'avais signé un pacte tacite en l'accompagnant visiter ses appartements, comme si j'avais déjà mis un doigt dans l'engrenage. Je ne le sais pas, mais je n'arriverais plus jamais à le quitter. »

« Je serais la salope »

À ce moment, un projet se forme toutefois dans sa tête : se lancer dans une passion éphémère, trouver un « homme-tampon », comme elle dit, une relation passagère dans laquelle elle ne s'investira pas, mais qu'elle utilisera pour se décrocher de Jérôme. « Cela me permettra de rompre avec ce type car ça me servira d'alibi, il n'osera pas venir me harceler pour que je revienne avec lui. Depuis cette époque j'ai très souvent eu envie de vivre ça : rencontrer quelqu'un d'autre, le lui annoncer tout en bloc et partir ! Je serais la salope, mais quel bonheur ! Enfin ! »

Élise ne va pas trouver son « homme-tampon », mais autre chose lui permettant d'obtenir le même résultat : elle réussit un concours professionnel et est admise pour un emploi dans une autre ville. Ce qui apparaissait impossible à dénouer depuis plusieurs années, cette relation gluante qui lui collait toujours à la peau, se délite alors comme par enchantement. Elle décide de rompre et le lui dit. Comme tout semble facile soudain ! Son horizon s'éclaircit. Elle se sent envahie par la griserie de la liberté. Évidemment, Jérôme n'accepte pas et entre une seconde fois en résistance. Il évoque leur projet commun de fonder une famille. « Quelle famille ? » demande-t-elle. Il lui explique que s'ils avaient choisi un grand appartement, c'était justement en prévision des enfants. Mais il ne lui en avait jamais dit un mot! Pour lui, il s'agit d'un pacte tacite: si elle était d'accord pour un grand appartement, c'est bien qu'implicitement elle acceptait l'idée de fonder une famille avec lui. D'ailleurs c'est bien pour cette raison que ses parents étaient contre le grand appartement: ils détestent Élise. Il avait réussi à imposer le grand appartement et elle l'avait soutenu, elle était donc d'accord avec le projet familial que cela impliquait. Une famille qu'elle trahissait désormais!

Élise refuse ces élucubrations alambiquées. Quoi qu'il puisse dire, c'en est fini et bien fini, elle s'en va! Hélas, il est bien connu que le diable est dans les détails, un détail qui va lui coûter très cher: pour ne pas lui faire trop de peine, elle accepte qu'ils gardent un lien amical à distance. Il lui écrit, lui téléphone, de plus en plus gentil et amoureux. Depuis leur premier rendez-vous, il ne lui avait jamais parlé d'une telle manière caressante, ne lui avait jamais dit ainsi, les yeux brillants, qu'elle était belle. Car il se déplace pour la voir, de plus en plus souvent. Élise va-t-elle céder une nouvelle fois et se laisser prendre au piège? Elle ne le pense pas. Le maintien du lien avec Jérôme est pour elle une sorte de béquille l'aidant à assurer une transition, alors qu'elle est encore très seule après son déménagement. Elle sent qu'elle est au contraire en train de construire les conditions d'une vie plus libre et autonome. Élise est à la croisée des chemins, et elle s'apprête à s'engager vraiment vers de tout autres horizons. Hélas, hasard malheureux, c'est à ce moment qu'elle est victime d'un grave accident et se retrouve lourdement handicapée pendant de longs mois (il lui faudra même près de dix ans avant de pouvoir refaire du sport normalement). Elle perd son emploi, retourne chez ses parents. « C'était un retour en arrière. »

Élise a beaucoup d'énergie et de volonté. Excepté le piège tendu par Jérôme (impalpable et gluant, et qui la laisse désarmée), il n'existe pas d'obstacle qu'elle n'ait jamais réussi à franchir. Elle parvient malgré les difficultés physiques à trouver un nouvel emploi, elle décide même de s'installer dans un petit studio indépendant. Jérôme ne comprend pas. Muté dans une autre ville, il a laissé le grand appartement, qui est donc désormais inoccupé. Élise refuse de s'y installer. « Il râle car il ne comprend pas pourquoi je ne m'installe pas directement chez lui, dans "notre" appartement, comme il le dit si bien. Je lui explique que je tiens absolument à expérimenter ma vie en solo, je veux voler de mes propres ailes. » Elle se sent pourtant un peu seule dans le studio. Elle adopte un chien, mais cela ne suffit pas à remplir le vide. Elle retrouve de plus en plus souvent Jérôme le week-end dans « leur » appartement.

Un curieux concours de circonstances se produit alors. Ils ne vivent ensemble que deux ou trois week-ends par mois. Le reste du temps, Élise a sa liberté de mouvement et se sent même parfois un peu seule. Jérôme, désireux de la reconquérir, fait des efforts sincères pour se montrer attentionné, presque séducteur. «Tout va bien, et pour cause, nous nous voyons extrêmement peu et ça “réanime” un peu notre vie de couple (sexuelle un peu aussi). Ce fut un des moments les plus intenses avec nos tout débuts.» Jérôme en profite, il lui demande de se fiancer. Élise accepte. Cruel paradoxe: c'est parce qu'ils vivaient plus éloignés qu'ils avaient réussi à mieux s'entendre, et le sentiment d'harmonie était pour cette raison illusoire et éphémère. Mais les fiançailles allaient sceller l'engagement et refermer le piège.

Élise va très vite le comprendre, le jour même des fiançailles.

Histoires de familles

«Les fiançailles sont étranges, ses parents et son frère ne sont pas agréables, comme toujours, je les sens faux. J'apprendrais quelques semaines plus tard que mon ami a des dettes.» Les Thénardier expliquent ces dettes par les frais de téléphone exorbitants de leur fils, qui selon eux l'appelait bien trop souvent («Tiens, je suis la fautive!»). En réalité, Jérôme a une grave addiction au jeu et ne cesse de dilapider ses économies, et au-delà. « Il reçoit des menaces de sa banque, je tombe sur un courrier laissé sur un meuble lors d'un passage chez lui pour arroser ses plantes. Je ne comprends pas. Jérôme n'est pas joignable, j'appelle donc ses parents qui m'expliquent qu'ils pensaient que c'était parce que je le poussais à des dépenses ! Ils renflouent donc leur fils depuis des mois de façon régulière et ne m'ont rien dit aux fiançailles. » Pour une fois, les Thénardier se font aimables avec Élise, lui expliquant qu'elle pourrait devenir leur alliée. « Comme ils apprennent que je ne suis pas responsable du déficit de leur fils, car je gère mon budget à part, ils me demandent de prendre les rênes, de m'installer avec lui et de prendre en main ses comptes pour redresser la barre. J'ai failli envoyer tout le monde sur les roses ce jour-là. J'aurais dû ! »

Malheureusement, le destin s'acharne sur Élise. Car, à ce moment précis, sa situation professionnelle se dégrade, les relations ne sont pas bonnes dans son univers de travail, et elle ne peut s'appuyer sur ce socle pour rebondir. Elle songe même à changer d'emploi. Par ailleurs, la vie agitée avec Jérôme et sa belle-famille l'a peu à peu coupée de ses anciennes relations amicales. Elle se sent seule et fatiguée. Comment rompre dans ces conditions ? « J'ai 25 ans, je suis fiancée, je vais avoir tout ce dont j'ai toujours eu envie (vraiment ?) : je vais un jour me marier, avoir mon cocon familial définitif, nous aurons notre maison, nos enfants, tout quoi ! Je ne veux pas subir un nouvel échec, c'est NIET ! Je m'accroche fermement à ma pseudo-"réussite sentimentale". » Nouvelle erreur, nouvelle occasion perdue. « J'avais décidé qu'à défaut de trouver quelqu'un qui me corresponde mieux, je pouvais me satisfaire de ce que j'avais, après tout, je ne suis pas non plus la fille idéale, de quel droit je peux demander mieux que l'homme que j'ai déjà ? » Élise perçoit très bien cependant que cette harmonie n'est que de façade ; elle est secrètement ravagée et ne va pas tarder à somatiser ce mal-être par des manifestations épidermiques qui entachent sa beauté. « Il sait qu'à partir de ce moment-là je n'irais pas voir ailleurs, je suis un peu devenue "sa chose" à lui. Malgré de terribles disputes, je décide de pardonner, de planter mon appart et de m'installer chez lui. Je paie ses traites, supporte ses factures EDF, eau, etc. Nous sommes liés, c'est fini pour moi. Aujourd'hui je pense à ces femmes cocues qui restent et pardonnent, c'était pareil, et j'ai été conne pareil. J'aurais eu à ce moment-là le travail que je devais obtenir quelques mois plus tard, je l'aurais planté, lui. » Élise avait été vraiment très près de rompre, les circonstances avaient joué en sa défaveur.

Minuit

Minuit. Je termine la lecture du long témoignage d'Élise relatant les faits quand je reçois un nouveau message :

« M. Kaufmann,

Je reviens vite fait sur la fin de mon précédent récit, j'ai oublié d'ajouter que dans la confrontation téléphonique avec mes beaux-parents, ceux-ci avaient aussi énuméré dans les raisons de l'attitude dépensière de leur fils que c'était de ma faute car il n'était pas épanoui sexuellement, car nous n'avions pas autant de rapports qu'il le souhaitait et que c'était une situation qui durait. Ce fut pour moi un choc d'entendre ces gens me dire que le sexe constituait 90 % de la vie de couple alors que je n'ai pratiquement jamais eu de conversation avec mes parents sur le sujet de la sexualité. Je me suis sentie "violée" par ces gens dans ma plus grande intimité, et trahie encore une fois par mon conjoint. Ça n'arrange pas non plus les choses de se demander si la fréquence de nos rapports (ou pire encore, le contenu ?) sera rapportée à mes beaux-parents. En tout cas, dans mon lit, nous n'étions apparemment pas que tous les deux. C'est une des choses que JAMAIS je ne pourrai lui pardonner !

Bonne soirée.

Élise »

Il y a bien d'autres choses qu'elle ne leur pardonnera jamais. Car les Thénardier, mobilisés derrière leur fils tels une armée de l'ombre, lancent de soudaines attaques contre elle, imprévisibles et destructrices. Emportés par leur volonté aveugle de la dénigrer et de lui faire du mal, ils n'ont même plus conscience parfois qu'ils agressent le couple en lui-même, que leur fils reçoit lui aussi des coups par ricochet. Élise se souvient de la naissance du second bébé, de sa fatigue, de son désarroi. « Suite à l'accouchement, sa famille a eu un comportement odieux et il ne les a évidemment pas remis à leur place. Pour vous dire, alors qu'ils avaient refusé de garder notre fils pendant mon accouchement, ils ont décidé tout à coup de débarquer chez nous. Ils sont restés 24 heures, ne m'ont pas parlé, pas même pour me dire bonjour, se sont installés dans les fauteuils et ont attendu qu'on les serve… Mon mari et moi étions débordés. Je ne sais même pas comment j'ai fait pour ne pas craquer. Ah si ! Je me suis dit : "Tiens bon Élise, c'est la dernière fois que tu les vois !" » Hélas ce ne devait pas être la dernière fois, Elise allait rencontrer encore, souvent, les Thénardier.

L'isolement creuse le piège

Élise n'est plus simplement en guerre contre son mari, mais contre toute sa belle-famille. Son cas est un peu extrême concernant l'animosité haineuse de ses beaux-parents (je crois qu'ils méritent bien ce surnom de Thénardier que je me suis permis de leur donner !). Mais il est par contre très représentatif de ce qui se passe dans bien des divorces impossibles. De nombreux témoignages ont en effet souligné que beaucoup de victimes s'étaient peu à peu isolées et avaient perdu leurs anciens appuis relationnels, notamment leurs amies de jeunesse, qu'elles s'étaient parfois éloignées un peu de leur propre famille, ou qu'elles ne se sentaient pas assez bien dans leur travail pour y créer un lieu d'épanouissement alternatif au couple. Certaines, comme Sarah, m'ont expliqué que cette évolution n'avait pas été due au hasard, mais délibérément organisée : « Il faut dire que nous ne sortons presque jamais, nous n'avons pas d'amis, il a fait le vide et refuse d'inviter les amis dont j'ai connaissance. » Nina est encore plus précise : « Les rares fois où il parlait au début, c'était pour critiquer mes copines. Quand elles venaient à la maison, je riais comme autrefois avec elles (quel bonheur !). Il ne supportait pas cela ! Il ne supportait pas que je rie ! Il ne supportait pas non plus ma sœur, parce qu'il sentait qu'elle n'était pas de son côté. Et il avait raison : comme j'aurais dû l'écouter davantage, ma frangine, je n'en serais pas là aujourd'hui ! Sans que je m'en rende compte, il m'a coupée de ma famille et de mes amis, et je me suis retrouvée toute seule avec mes crises de larmes et mes cauchemars. »

Les maris de Cristina et de Bénédicte avaient réussi encore plus fort. Beaux parleurs, habiles manipulateurs et jouant sur leur image publique, ils étaient parvenus à mettre leurs beaux-parents dans leur poche ! « Avec moi, se souvient Cristina, il était parfois délirant, mais pas avec les autres. En cinq ans, il a entortillé mes parents, leur faisant croire que j'avais besoin qu'on me “prenne en main”, et m'a petit à petit coupée de tous mes amis et relations. » Bénédicte essaie d'évaluer les forces en présence pour mener une très hypothétique offensive de rupture. Mais elle se sent terriblement faible, dans un fortin assiégé : « Je ne pars pas parce que je manque de confiance en moi. Je manque aussi d'appuis extérieurs : je sais que mes parents me condamnent d'avance. Et cette pression familiale, la pression du “qu'en-dira-t-on” aussi, me font très peur… Et comme je manque d'assurance, je n'arrive pas à l'affronter SEULE. »

Ces scènes de la vie conjugale sont très sombres, j'en ai bien conscience, mais les témoignages que j'ai reçus se révèlent accablants, et je dois en rendre compte ; il existe parfois une souffrance infinie derrière les apparences de la vie normale. J'ai pensé un moment ne pas vous relater l'histoire de Taïka, encore plus triste, prise dans un piège familial sinistre. Je n'en avais pas le droit : ce récit illustre trop bien comment la famille peut devenir un élément-clé du piège, plus important que le mari parfois.

Taïka s'est mariée avec un veuf qui n'a toujours pas réussi à faire le deuil de sa première femme, et, sous la pression des parents de la morte, entraîne sa fille vers ce passé lugubre et sans issue. Taïka n'est pas battue, son mari est même attentionné, et elle l'aime. Sa situation pourrait donc sembler enviable comparée à celles d'Élise ou de Nina. Mais le tombeau dans lequel elle est enfermée crée un univers d'une noirceur extrême. Je lui laisse le soin de raconter elle-même : « Le piège dans lequel je me retrouve est lié aux circonstances particulières de notre couple : sans la disparition de la première femme de mon mari, notre couple n'existerait pas. Un long travail psychologique a été entamé pour ma part tant ce que je ressens est parfois violent. La fille de mon époux ressemble à sa mère (que je n'ai jamais connue) et est modelée par sa grand-mère maternelle dans un inconscient morbide. On a beaucoup travaillé pour arriver à transformer sa chambre, qui s'apparentait davantage à un mausolée à la mémoire de sa mère disparue. Pour faire simple, mon mari ne veut pas couper sa fille de ses grands-parents, mais ceux-ci pendant des années, depuis la disparition de leur fille, n'ont pas fait leur deuil et utilisent cette enfant (adolescente aujourd'hui, donc très fragile) comme un “objet transactionnel” (verdict de la psychologue). Il faut sans cesse composer pour ne pas renier la mémoire de sa mère disparue. Les disputes arrivent avec mon mari à cause de l’attitude de cette enfant qui est tiraillée entre nous et la famille de sa mère.

« Une femme morte, une vivante, une fille qu’il a eue avec sa femme morte, et notre propre fille, les grands-parents qui ne supportent pas notre mise en couple et qui agissent contre nous par l’intermédiaire de sa fille. Cette enfant n’est pas méchante, mais elle est en souffrance et tout ceci rejaillit sur notre couple. J’ai déjà songé à partir, mais le piège est là : on a construit ensemble une famille et je ne veux pas la voir éclater. »

Le lit

Lorsque fut lancé mon appel à témoignages, je terminais la rédaction de mon ouvrage précédent, sur le lit. J’avais constaté combien la façon de dormir ensemble pouvait révéler l’état des relations dans un couple. Plusieurs personnes avaient raconté comment elles fuyaient le mitan du lit pour créer une distance maximum avec leur partenaire. Certaines avaient même expliqué qu’elles « s’agrippaient » au rebord du matelas tant elles craignaient d’être simplement frôlées. J’avais repris cette phrase dans mon appel, et elle avait déclenché une très grande quantité de réactions. Chacune se reconnaissait dans cette image. « Nous, les femmes qui dormons agrippées au bord du lit », m'avait répondu Élise. Chacune se reconnaissait, et chacun parfois, car les hommes n'étaient pas en reste, comme Gabriel : « Je me vois encore mordre le drap, tourné vers l'extérieur, sans courage ni réelle envie de fuir. » Il avait pourtant fini par rompre. Mais, dans ses nouvelles tentatives pour former un couple, il sent au creux du lit que l'expérience risque de ne pas aller bien loin, quand son corps commence à s'échapper vers les marges. « Je vois bien mon corps qui fuit. Je crois que celui ou celle qui a vécu la violence d'un enfermement au sein d'un couple n'échappe pas à son extrémité de matelas ! »

Les couples mornes sont des couples dans lesquels les deux partenaires s'éloignent de plus en plus l'un de l'autre, un éloignement progressif qui se ressent d'abord au travers des perceptions corporelles. Certes, le silence parle aussi. Mais ce que dit le corps est encore plus révélateur. « Quand on se croise dans la maison, on s'écarte l'un de l'autre pour éviter de se frôler », remarque Bénédicte, « Il refuse tout contact, au point de marcher à au moins un mètre de moi », ajoute Sarah. Cette répulsion mutuelle devient bien sûr encore plus explosive et significative dans les lieux de l'intimité partagée. Marion a compris au creux du lit que quelque chose s'était irrémédiablement brisé dans son couple : « Un jour, me coucher à ses côtés n'a plus été une fête, un plaisir, une surprise. Des années, je me suis étonnée de ce plaisir à le retrouver, à me retrouver le soir à ses côtés, et puis un jour ça n'a plus été un plaisir. Alors, insensiblement, la séparation s'est faite dans le lit, me rapprochant peu à peu du bord. »

Eliane aussi a mal, moralement et physiquement : dormir toujours sur le même côté, agrippée, crispée, n'est pas une position des plus relaxantes, en effet. « Pourquoi ces douleurs de hanche, ces douleurs musculaires sur le côté droit uniquement ? Mais parce que c'est celui sur lequel vous êtes uniquement capable de dormir. Cela fera bientôt un an que mon couple n'en est plus un. Plus de vie intime, plus de projets, plus de connivence amoureuse. Pourquoi je reste accrochée chaque soir à mon côté de lit alors que je ne supporte même pas son odeur ? »

Hommes et femmes

Le goût de l'autre s'amoindrit, dans l'ordinaire des activités les plus quotidiennes, autour de la table, dans la salle de bains. Et surtout dans le lit, le lit du sommeil et le lit de l'amour. À ce point cependant, on constate une divergence notable entre hommes et femmes. Les études sur la sexualité montrent qu'une large majorité des hommes sont capables de considérer cette dernière comme une activité à part, alors que les femmes ont beaucoup plus de mal à séparer sexe et sentiments. Même si les comportements tendent à se rapprocher, il leur faut toujours aujourd'hui être au moins un peu amoureuses pour éprouver du plaisir. L'éloignement des corps dans le couple se traduit donc chez elles, beaucoup plus massivement, par une baisse du désir. Et la baisse du désir est un baromètre de l'éloignement conjugal. Quand Jérôme parle de son envie de lui « faire des bisous », Élise sait ce qu'il faut entendre, et elle refuse désormais. « Je ne veux plus qu'il me fasse ses fichus "bisous", nous n'avons pas fait l'amour depuis six mois et j'espère ne pas avoir à devoir le refaire avec lui de nouveau, et nous dormons chacun de notre côté dans le lit, surtout moi, accrochée au bord du lit. » La baisse de son désir était apparue soudainement, après sa première visite dans la belle-famille. Elle n'allait pas tarder à comprendre que cet indice révélait bien d'autres choses.

Le lit parle. Joséphine aimait son mari, et il disait l'aimer aussi. Elle se sentait cependant prise dans le lent engloutissement typique des couples mornes : « Mon époux n'était pas bienveillant à mon égard, était quelqu'un d'extrêmement sombre, ne me valorisait pas, ne me disait pas que j'étais belle et me culpabilisait sans cesse. Il se réfugiait dans son ordinateur et au fil du temps c'est devenu pire. » Ils parvenaient à se masquer cette lente mort du couple dans leurs activités diurnes ; pas dans le lit. « Je l'aimais la journée, le matin, mais pas la nuit. Nous ne nous couchions jamais ensemble, nous ne nous levions jamais ensemble. Dès que je sentais son corps s'étendre près de moi, je me sentais agressée, me faisais le plus proche possible du bord du matelas. »

Gérard m'a envoyé un récit particulièrement intéressant, et je l'en remercie. Car ce chapitre de mon livre qui prend le point de vue des femmes pourrait laisser penser (surtout avec ce qui va suivre bientôt !) que les hommes sont tous des goujats, incompréhensibles et égoïstes. Il faut bien comprendre que le problème vient en fait du couple d'aujourd'hui en lui-même, devenu extraordinairement difficile à construire et générant en continu de l'incompréhension mutuelle. Gérard nous relate la même scène du lit, mais vue de l'autre côté : « Je croyais profondément en l'amour qui nous unissait, bien que le quotidien s'avérât de moins en moins coloré. À l'arrivée de ma fille aînée, je crois pouvoir dire que nous étions heureux. Les mois qui suivirent ne m'inquiétèrent pas lorsque l'attention de ma femme se portait sur notre fille au détriment de notre relation de couple. Nos rapports physiques avaient alors disparu. Ce n'était pas très confortable, mais je l'acceptais. J'admettais l'idée que nos places changent et que cela nécessite une période d'adaptation plus ou moins longue. Le sentiment de solitude que j'éprouvais alors s'atténuerait avec le temps, des jours meilleurs reviendraient… J'aimais ma femme et avais décidé en moi-même de rester attentif, patient, et surtout d'être présent à tous les aspects du quotidien. J'avais aussi décidé d'admettre (bien que désireux) que notre lit ne soit plus le lieu de retrouvailles qu'il avait été, refusant l'idée de provoquer des relations non partagées. C'est là que les choses ont changé, je me suis épuisé à donner le meilleur de moi-même (certainement maladroitement) et en retour je voyais notre relation s'effilocher. Je guettais patiemment le retour de nos retrouvailles. Chaque soir, l'extinction des feux était un moment difficile. Semaine après semaine, année après année, j'ai espéré et attendu le "retour" de ma femme. Nous avons bien eu quelques discussions sur la souffrance que générait chez moi cette absence d'amour physique. Chaque fois, elle me demandait d'être patient. Chaque soir, je lui ai tourné le dos, non pour la fuir, mais pour ne pas l'indisposer, car lorsque je venais contre elle je sentais que je n'étais pas désiré. Les rares fois où nous avons fait l'amour, je me sentais honteux du plaisir au final solitaire que j'avais éprouvé. S'il m'est arrivé de m'endormir de fatigue, je ne me suis plus endormi en paix, une sorte de colère étouffée montant en moi. »

De petits viols discrets

Ce témoignage était utile pour mieux comprendre comment certains hommes ne peuvent se contrôler comme le fait Gérard. Le mari d'Évelyne, par exemple. Elle se fit secrètement la promesse de le quitter la première fois où elle subit des rapports sexuels non consentis. Des sortes de petits viols implicites et discrets. Nina avait été surprise quand je lui avais dit que des rapports non consentis pouvaient être assimilés à un viol à l'intérieur du couple. Elle m'avait décrit les différentes étapes de sa résistance passive. D'abord simplement agrippée au bord du lit, simulant le sommeil, puis son refus de bouger, crispée sur le bord, quand il se fit de plus en plus pressant. Un jour, tout cessa soudainement, sans le moindre commentaire. Olivier se réfugia lui aussi sur son bord de lit ; ils ne firent plus jamais l'amour.

Nina aurait dû être soulagée. Mais ce rebondissement aussi incompréhensible qu'inattendu la plongea dans des abîmes de réflexions suspicieuses : « Ce n'était pas possible, je me suis dit qu'il y avait obligatoirement une explication, monsieur le muet n'avait rien dit bien sûr, mais il y avait obligatoirement une explication. Je me suis dit d'ailleurs que c'était le genre de truc qui devait arriver un jour ou l'autre et qui expliquait tout : il avait rencontré quelqu'un. » Nina le lui demande froidement, les yeux dans les yeux. Olivier ne répond rien et lui envoie une gifle, Nina s'effondre en larmes. L'étrange de la situation est qu'elle aurait sans doute préféré apprendre que son mari l'avait trahie, il y aurait eu une explication au moins, car parfois le pire pour elle est de ne rien comprendre à ce qui lui arrive. Elle se replie sur sa fille, qui, malgré les cris et les pleurs, est son seul rayon de lumière, ce qui donne sens à sa vie.

Plusieurs personnes m'ont parlé de la trahison amoureuse en ces termes ambigus. Ce qui pour d'autres aurait pu apparaître comme un drame ultime leur donnait paradoxalement un secret espoir. De comprendre l'incompréhensible. Et de se libérer. Car le prétexte aurait été là, évident, obligeant enfin à la prise de décision après tant d'attente et de doutes. On peut même se demander si Vivre n'a pas élaboré ce scénario délibérément : se refuser à son mari pour qu'il la trompe. « J'ai vécu sous ses insultes, ses dénigrements, ses crises de jalousie. Mal aimée, j'étais incapable de me "donner" à lui. Je l'ai privé d'une vie sexuelle durant des années, car je me refusais. Je crois que c'est la crainte de ce renoncement qui a finalement déclenché chez lui une envie de départ. » Il rencontre une autre femme, s'installe avec elle, puis tente de nouveau sa chance avec Karine : « Il est revenu une fois, deux fois, puis encore, mais j'étais plus forte. Je l'ai éconduit. » Le procédé n'est cependant pas simple à mettre en œuvre et ne marche pas à tous les coups. Évelyne a supporté sans broncher, pendant cinq ans, non pas une infidélité caractérisée, mais quelque chose qui n'était pas pour autant facile à vivre. Son mari, habituellement désagréable et peu disert à la maison, l'entraînait à des cours de danse peuplés de femmes où il se transformait en joyeux luron séducteur pendant qu'elle faisait banquette. « Une activité qui le porte aux nues, un homme sollicité, complimenté, adulé par tant de femmes seules, sans partenaire ! Pendant près de cinq ans j'ai accepté deux répétitions par semaine, plus le dimanche après-midi : thé dansant. »

Tromper pour rompre

Cathy a préféré inverser le principe : ne pas attendre d'être trompée, mais tromper elle-même (comme Élise avec son « homme-tampon »), pour se forcer à rompre. Utiliser l'élan du désir et de la romance pour briser les chaînes de l'amour-attachement. Hélas, la manœuvre a échoué. Elle a bien réussi à avoir une aventure, mais cela n'a pas été suffisant pour qu'elle se décide : « J'ai trompé mon conjoint pendant une année et il l'a su. J'avais envie de partir mais nous sommes restés ensemble. Ce qui a changé depuis cet événement, ce sont ses colères terribles pour des petits riens. Il ne m'a jamais frappée, sauf le soir où il a appris que je l'avais trompé, mais ses colères me font plus peur que des coups.» Eliane n'a pas eu plus de chance. Elle aussi a trompé son mari, multipliant les amants pour forcer le destin et provoquer la rupture d'une manière ou d'une autre. «Pendant un temps, avoir cette double vie m'a permis de continuer à faire semblant (ou à faire l'autruche). Depuis deux ans bientôt je n'y arrive plus. Un accident du travail dû probablement à l'épuisement m'a permis de tout "déballer" à mon mari. J'ai entrepris des démarches auprès d'une avocate, de la banque. J'ai annoncé à ma famille que je souhaitais divorcer après plus de 23 ans de vie commune. Sauf que depuis… rien. Mon mari attend assis la plupart du temps dans le canapé (qui aurait lui aussi bien besoin d'être changé). Vivre sous le même toit alors qu'à tous on annonce qu'on en a fini reste incompréhensible.»

Pourquoi est-il donc si difficile de rompre? Même après des trahisons amoureuses de l'un ou de l'autre, même après que la décision a été prise et clairement annoncée? Eliane s'interroge et tente d'en trouver les raisons, qu'elle sent inscrites dans des profondeurs indéfinissables. «"Non, je ne peux pas!" est la première idée qui me vient à l'esprit. Je ne peux plus faire marche arrière cependant que je n'ai pas fait le deuil de cette vie de famille épanouie que nous aurions pu avoir. Alors je continue à tenir. Tenir la maison, tenir mon rôle. »

Les divorces impossibles

Tenir coûte que coûte, tenir malgré tout, pour confirmer les choix qui avaient été faits, ne pas se déjuger. Par un sens aveugle du devoir, si proche de l'engagement amoureux. Aimer pour le meilleur et pour le pire. Élise évoque la morale très féminine du sacrifice qu'elle a reçue dans son enfance : « J'ai appliqué inconsciemment ce que mon père me disait toujours : j'ai fait mes devoirs avant d'aller jouer. » Mais tenir, c'est aussi poursuivre le chemin malgré les obstacles, savoir ne pas abandonner à la moindre broutille, c'est-à-dire rien de moins que ce qui fonde l'ordinaire de la vie de couple. Les femmes piégées sont simplement celles qui ont poussé cette abnégation un peu plus loin, un peu trop loin, poursuivant leur route alors que celle-ci n'était plus au mieux qu'une impasse, au pire un chemin de croix. Tenir aussi pour tenter de correspondre à l'image conjugale que l'on projette sous le regard des autres. Tenir en attendant demain, dans le rêve fou que l'avenir sera meilleur.

« C'est la force des choses », m'avait dit Iris lors d'une autre enquête. Sa vie ne lui plaisait pas, elle avait même dit ouvertement à Tristan qu'elle n'était pas amoureuse. Mais rompre présuppose une décision ferme, des explications pénibles, et provoque une réorganisation totale de l'existence. Alors qu'il est si simple de vivre demain comme on a vécu hier. Rompre exige du courage, de l'énergie, de la volonté, il faut briser le cours de la vie, mettre à mort non seulement le couple, mais aussi la personne que l'on a été jusque-là, pour renaître dans une nouvelle identité, incertaine. Le poids du quotidien qui se déroule, la «force des choses», comme dit si bien Iris, est une explication à la fois puissante et difficile à cerner. Beaucoup de personnes ont vainement cherché à l'exprimer. «Qu'est-ce qui m'a poussée comme ça à continuer pendant des années, sans jamais relever la tête?» s'interroge Muriel. D'autres ont tenté de lister une suite de facteurs convergents constitutifs du piège. Écoutons Georgette:

«Sa passivité dans tous les actes de la vie m'a épuisée, corps et âme, libido aussi...

Mais je reste. Pourquoi? Quelle difficile question!!

Pourquoi sommes-nous encore là, pourquoi suis-je restée, pourquoi est-ce que je reste encore?

Souvent je me pose la question, à certaines époques de ma vie plus qu'à d'autres...

Et je cherche encore et partout les réponses.

Un certain devoir, issu de l'éducation judéo-chrétienne? Je suis mariée pour le meilleur ET pour le pire...

Le qu'en-dira-t-on...

Le fait qu'on n'abandonne pas un malade (dépressif, certainement bipolaire)

Le regard de mes enfants et leurs interrogations…

La peur de… Mais de quoi au fait ?

La certitude qu'en toute chose, même dans les pires situations, il y a du bon

La certitude que le meilleur reviendra

La certitude que dans la vie d'un couple il y a plusieurs vies, plusieurs couples. »

Tout cela a sans doute joué, mais les différents facteurs sont bien difficiles à débrouiller. Le piège est un emmêlement confus, c'est d'abord cela qui le définit. Sans prises. Gluant, disent plusieurs témoignages – le mot revient souvent. « Je me suis laissé engluer dans un piège où je m'enfonçais chaque jour un peu plus. » Cristina le regrette d'autant plus que la ligne rouge avait été manifestement franchie ; elle était humiliée et battue, avait des rêves de meurtre. Pourtant, elle restait.

Mourir plutôt que partir

Le caractère gluant et sans aspérités du piège devient encore plus patent quand certaines avouent avoir pensé au suicide plutôt qu'à la rupture. Elles ne voyaient tellement pas comment s'en sortir qu'il leur semblait plus facile de se donner la mort que de claquer la porte ! Dan a essayé : « Il y a des jours où je voulais en finir avec la vie, je ne voyais pas d'issue, alors je prenais la voiture et je roulais, roulais, et je me disais : ce serait facile, là, maintenant ! » Sarah a des idées très noires alors même qu'elle rédige son témoignage (« Je pense à disparaître »), retenue cependant, car il y a les enfants.

La mort comme ultime recours, ou le rêve. Catherine explique qu'il n'y a pas que la réalité dans la vie, il y a aussi le rêve, qui peut devenir plus fort que la réalité. Les lunettes du rêve ont le pouvoir de mettre des couleurs là où tout est gris, là où tout est noir. « J'ai projeté sur lui mon film de l'homme idéal alors qu'il a toujours été absent, transparent et immature. Et c'est cela qui m'a fait tenir, car je n'étais pas dans la réalité, même si je pleurais bien souvent son indifférence. Mon rêve était plus grand, plus fort, je m'y suis accrochée. » La fuite en avant s'alimente de parcelles de rêve, la politique de l'autruche aussi. L'amour est aveugle, dit-on ; nombre de femmes piégées sont restées amoureuses alors que la situation aurait dû les inciter à ne plus l'être. Et quand il n'y a plus d'amour, plus une seule goutte, que même l'espoir d'un avenir meilleur disparaît, la tentation peut être grande de remettre malgré tout, encore, la rupture à plus tard. Rose ne parvient pas à se décider. Lisant le témoignage de Sarah (qui pense à se suicider) sur le blog, elle lui dit que dans un cas si grave elle n'aurait pas hésité une seconde à partir. Or rien n'est moins certain en vérité. Car les récits fourmillent de plans qui n'ont pas été respectés le jour venu. Élise est sûre d'elle aujourd'hui. « Je me suis donné deux ans, jusqu'à l'entrée à l'école de ma fille. » Mais elle s'était déjà fait de telles promesses chiffrées par le passé.

Les promesses non tenues

Nina est agacée par ces promesses non tenues : « Quand je me dis que cette fois-ci c'est sûr, que je le quitterai à telle date, à telle occasion, je suis sûre de moi, tout excitée. Mais quelques jours plus tard, ce n'est plus évident, et après je suis la première à vouloir oublier tout ça, je ne m'en souviens même plus le moment venu. Je ne compte plus les décisions que j'ai prises qui sont parties aussi vite qu'elles étaient venues. » Les échéances sont souvent fixées par rapport à l'âge des enfants. Séverine représente un cas classique : « Je me dis que je partirai quand ils seront grands, qu'ils seront tirés d'affaire. » Face à l'urgence et au caractère devenu totalement invivable de leur situation, Élise et Nina ont été contraintes de mettre la barre beaucoup plus bas. Nina avait d'abord programmé son départ aux trois ans de sa fille. L'anniversaire est arrivé et il ne s'est rien passé. « Trois ans, c'est trop jeune. »

Elle s'est donc fixé un nouvel ultimatum : les cinq ans. Sa fille vient d'avoir cinq ans, et Nina est toujours là, ne sachant plus trop si elle peut croire à un nouvel objectif.

« Je veux partir. Sans mon fils je serais bien loin. Mon fils est toute ma vie. » Daphné reprend la triste complainte entendue mille fois dans les témoignages : l'enfant avait lourdement refermé le piège. Il n'était plus possible d'ouvrir un conflit et de provoquer une désorganisation domestique au risque de le perturber gravement. D'autant qu'il devenait le centre de l'existence et permettait d'oublier un peu le couple. Sandy ne pouvait cependant oublier son conjoint tant les coups pleuvaient fort, mais cela l'incitait encore plus à se replier sur ses enfants. « Puis la situation a dégénéré… d'une première gifle aux premiers coups… les insultes plus dures les unes que les autres, les étranglements… Malgré mes mains courantes et mes plaintes, je n'arrivais pas à m'en aller… Mes enfants, mes enfants valaient plus que toutes les douleurs qu'il m'infligeait. » Lounhia raconte comment le partenaire/adversaire peut utiliser cette corde sensible en proférant des menaces quand l'idée de partir est avancée. Nina a été victime du même chantage : « Il me mènerait la guerre, il me l'a dit, ce serait une horreur pour les enfants. Ils sont devenus ses otages, contre moi. »

Se sacrifier pour les enfants

Il convient toutefois de se poser une question : parfois (parfois seulement), les enfants ne deviendraient-ils pas un prétexte trop commode ? La fille de Dan n'est pas loin aujourd'hui de lui reprocher de ne pas être partie plus tôt ! « J'ai 56 ans, je suis partie il y a un an et demi, j'ai mis des années à me décider, le prétexte : les enfants. Erreur, grave erreur, ma fille m'a dit récemment : "J'étais triste parce que je voyais que tu étais malheureuse, maintenant je suis gaie car tu es enfin épanouie." »

Il n'en reste pas moins qu'il est en général bien difficile de rompre lorsqu'on a un enfant en bas âge. L'enfant interdit la rupture. Comme d'autres éléments, encore plus matériellement irréductibles : l'insuffisance des ressources financières ou les difficultés d'accès au logement. Il faut bien comprendre. Les divorces impossibles résultent très souvent d'une combinaison entre le piège gluant (enchevêtrement de facteurs imperceptibles) et des obstacles majeurs bien identifiables (l'argent, le logement). L'erreur à ne pas commettre est de transformer ces derniers en arbres qui cachent la forêt. Mais, inversement, le départ parfois ne peut même pas être imaginé tout simplement parce qu'on n'a pas les moyens de partir. Le piège conjugal est beaucoup plus puissant et redoutable à mesure que l'on se rapproche de la pauvreté. Certes, il existe aussi dans les milieux aisés des femmes qui souffrent sans parvenir à rompre. Parfois même par goût du confort, comme Alexandra: «Nous ne nous parlons pas, nous vivons ensemble comme deux étrangers qui s'ignorent, mais sans se faire la guerre, il n'y a pas de violence, pas d'hostilité. Étant donné les revenus très confortables de mon mari, je vois mal comment je pourrais vivre mieux en le quittant avec mon salaire minable de pigiste. Alors je reste.» Le piège ici n'est cependant pas de la même nature: il n'est pas totalement fermé, car entre amour et confort existe bel et bien une alternative. Bien des femmes par contre n'ont pas ce luxe.

Pour s'enfuir, il faut en avoir les moyens

Iris n'a aucune possibilité de fuite, son tout petit salaire le lui interdit. Son mari, en chômage de longue durée, s'est encore plus muré dans le silence, ne s'occupe pas des enfants, et sort matin et soir sans lui dire où il va. Elle est condamnée à s'entasser avec sa famille dans leur logement minuscule: «On finit par perdre confiance en soi et ne plus savoir que faire, donc on préfère rester comme cela.» Lara est si angoissée par l'avenir qu'elle ne peut envisager une seule seconde de partir, «de peur de venir grossir la cohorte des précaires et de perdre le peu de confort matériel que j'ai».

Élise ou Nina ne sont pas dans des situations aussi extrêmes, il n'empêche qu'elles n'ont pas les moyens de leur autonomie. Élise ne cesse de faire ses comptes. Elle passe des heures et des heures à établir d'hypothétiques budgets prévisionnels pour l'après-rupture, à évaluer crayon à la main ses ressources et l'ensemble des dépenses dans ses conditions nouvelles. Hélas, il manque toujours un petit quelque chose, cela risque d'être très serré. Nina n'ose même pas y penser tant ses revenus seraient insuffisants pour élever dignement sa fille. Alors, elle joue au loto. «À chaque fois que je prends un billet, je sais pourquoi c'est faire. Si je gagne, je n'hésiterai plus une seconde.» D'autres évoquent aussi des arrivées d'argent subites qui les délivreraient enfin. Plusieurs personnes m'ont confié un même rêve, pour le moins embarrassant, et je préfère ne pas donner leur nom: elles attendaient (parfois avec impatience) le décès de leur dernier parent survivant pour toucher un petit héritage. Certaines ont de mauvaises relations avec ce père ou cette mère, et cela ne leur pose pas trop de problème. Mais d'autres l'adorent. Déchirées, envahies par la culpabilité et la honte, elles n'en rêvent pas moins secrètement de cette mort, qui est le seul moyen pour elles de pouvoir s'échapper enfin du piège.

De nombreux témoignages parlent aussi du travail. Car il est le socle et la garantie de l'autonomie financière. Souvent les projets de départ évoluent au gré de la trajectoire professionnelle. On les oublie quand la situation est précaire. «Je ne gagne que 800 euros en CDD, personne ne me loue d'appartement, voilà pourquoi je reste avec lui», dit Magali. Ils ressurgissent quand elle s'améliore. La femme de Gérard l'a quitté juste après avoir obtenu une promotion. C'est aussi depuis le jour où elle a obtenu un emploi stable qu'Élise élabore ses stratégies de départ de façon décidée. «Je me rappelle de l'annonce de mon embauche comme un des plus beaux moments de ma vie ! Quel bonheur, rien que de m'en rappeler ! J'avais enfin une valeur, j'avais enfin atteint un but que moi seule m'étais fixé et par ma propre volonté, mais quelle joie !» Au-delà des questions financières, le travail stable et reconnu est également un élément crucial pour constituer la confiance en soi, élément sans lequel toute rupture serait impossible. Et, dans le meilleur des cas, il peut être aussi le lieu d'une socialité amicale, compensatoire et consolatrice. «Il s'agit d'une chose difficile à imaginer et que je ne raconte pas trop, nous confie Muriel, mais pour moi le vendredi soir est un enfer parce qu'il va y avoir l'interminable week-end, et le lundi est un paradis. Je rêve du bureau, j'y suis bien, j'ai des collègues drôles et attachantes, c'est ma vraie famille. Sans parler d'amour (ne rêvons pas !), pourquoi n'est-il pas possible d'avoir des relations agréables comme celles-là chez soi ? »

Le logement est l'autre base incontournable de l'autonomie. Or, surtout dans les grandes villes, pouvoir louer (et encore plus acheter) un logement à soi n'est pas donné à tout le monde. Après avoir enfin pris sa décision de rompre, après avoir visité 50 appartements à Paris et subi autant de refus humiliants dans les agences (malgré ses bulletins de salaire et la caution de son père), Isabelle* n'a pas eu d'autre solution que de retourner, vaincue, dans le logement commun pour une cohabitation forcée. Nina et Élise aussi ont très peur de ne pas pouvoir trouver de chez-soi, bien qu'elles vivent dans des villes aux loyers moins élevés. Pour Iris (il s'agit d'une autre Iris), c'est encore pire : « Ma vie au quotidien est intolérable et pourtant, moi, femme indépendante, je reste. Je n'ai nulle part où aller. » Elle a cherché, mais sans bulletins de salaire ni caution, les refus ont été partout catégoriques. « Certains penseront peut-être que je me cache derrière ces difficultés pour me trouver des excuses. Je peux tout à fait entendre ces arguments mais je n'y adhère pas… J'ai pensé durant mes dernières vacances prendre un sac à dos et partir, marcher loin devant. Je

* Isabelle Duvernoy, *Le Même Toit*, récit publié sur le site « Raconter la vie » : http://raconterlavie.fr/.

n'ai pas eu la force d'abandonner mes deux fils.» Car avoir encore à s'occuper de ses enfants l'empêche aussi de partir. «Je sais que d'ici deux ans environ (quand mon fils aura terminé ses études et que tous deux seront en sécurité), je partirai.» C'est décidé, elle partira. «Je partirai, je reprendrai ma vie en main et alors, je vivrai… Je garde cette intime certitude que cette léthargie ne durera pas, que ma vie m'attend! Je n'ai que 45 ans!!!! » Dans deux ans elle partira, sac au dos, sur les routes… Ou dans la rue.

Abandonner le confort

Isabelle et Iris, Élise et Nina hurleraient leur incompréhension à lire les lignes qui vont suivre, mais je ne peux ignorer les témoignages de Francesca et de Cathy. Parfois le logement est l'obstacle infranchissable, qui interdit de pouvoir prendre sa vie en main; parfois le piège est autrement plus compliqué et confus. Francesca en effet pourrait partir si elle le voulait vraiment (elle a hérité d'un petit appartement). Mais il lui faudrait faire le deuil de son confort actuel et de tout un univers qu'elle a créé et auquel elle reste attachée: «Parfois je me dis que je suis lâche, que je devrais le quitter complètement… retrouver une vraie liberté. Mais je n'y arrive pas… Les raisons sont diverses. Les finances sans doute, j'ai un tout petit salaire et une future retraite minable, à deux on peut vivre un peu plus aisément. La maison achetée ensemble après bien des années d'économies... le projet de toute une vie ! »

Pour Cathy c'est encore pire, elle paie la location d'un appartement qu'elle ne parvient toujours pas à habiter ! « Cette situation est devenue difficile à supporter. Il y a quatre ans, j'ai loué un appartement que je continue de payer mais où je n'habite pas. Oui, cela fait quatre ans que je n'arrive pas à partir. J'ai un peu honte d'écrire cela : tellement de femmes ne peuvent pas partir pour des problèmes d'argent. Moi, je ne pars pas et je paye le loyer d'un appartement où je ne vis pas. Pourquoi ? Pour ne pas faire de peine à ma fille ? Sûrement un peu. Je déteste l'idée de faire souffrir ma fille, qui va bien et qui est heureuse. Mais je sais au fond de moi que ce n'est pas la vraie raison. Parce que je l'aime ? Non, je ne l'aime pas. Il m'a trompée et me l'a dit sans que cela me fasse la moindre peine. Il y a six mois, il m'a demandé de quitter la maison au motif qu'il ne supportait plus de savoir que je payais le loyer d'un appartement que je n'occupais pas. "Tu jettes ton argent par les fenêtres et dans le monde dans lequel nous vivons c'est insupportable." Il n'en a jamais reparlé et... moi non plus. Je reste dans cette ambiance tendue, inquiète des week-ends qui approchent, rêvant à la décoration de l'appartement que je loue mais... je ne fais rien. Il n'existe pas de moments d'affection, de tendresse, d'échanges, et nous n'avons plus de rapports sexuels depuis longtemps, mais je reste. Partir, ce serait ouvrir une porte vers le vide. Et ce vide me fait peur. Une autre vie? Je ne sais pas ce que je pourrais mettre dedans. Cela peut paraître parfaitement ridicule. D'autant plus que je suis quelqu'un de très autonome et que pas grand-chose ne me fait peur. Je ne suis pas timide, j'aime être avec les autres, partager, voyager... Mais aller vivre seule avec ma fille (en garde partagée je suppose) me remplit de tristesse. Alors, je m'accroche au bord de mon lit en espérant que la nuit sera calme. Vais-je partir un jour? Chaque fois que je me pose cette question, vient de mon cœur une réponse différente. Les jours où la réponse est oui, j'ai du ressort et de l'énergie. Les jours où la réponse est non, la vie me semble plus triste. Par contre, les jours où nos relations sont plus tendues et où la rupture pourrait être envisagée, la panique monte en moi. Les meilleurs moments sont ceux où j'arrive à ne pas me poser cette foutue question. Merci de tout cœur de m'avoir lue.»

Le piège a souvent ses raisons que la raison ignore.

Dans un coin de la tête

La décision de rompre est dans un coin de la tête. Parfois depuis longtemps, depuis le tout début. Élise regrette les occasions perdues: «Depuis le début de mon histoire de couple, je n'ai eu de cesse de vouloir l'arrêter, mais j'ai été trop peureuse : et si je restais seule ? Que personne ne m'aimerait jamais ? Que je n'avais jamais d'enfants ? Bref, je suis restée par dépit. » Puis, à chaque étape où son envie de fuir devenait plus forte, l'alourdissement du piège (naissance du bébé, pression de la belle-famille) l'empêchait de la réaliser. De nombreux témoignages relatent cette évolution parallèle : une idée de plus en plus nette d'un côté ; des conditions de moins en moins favorables de l'autre. Naviguant entre ces contraires, Élise, comme beaucoup d'autres, se sent ballottée entre deux idées d'elle-même et de la vie : tenter de faire corps malgré tout avec le présent ou s'identifier dans le rêve d'une vie future différente ? Alors qu'ils visitaient des maisons, Jérôme imposa son choix. La maison (très sombre et loin de son travail) ne plaisait pas du tout à Élise. Mais elle fixa son attention sur les cerisiers qui étaient dans le jardin. Grâce aux cerisiers, détail minuscule, elle oublia un peu la maison triste, et permit ainsi qu'il y ait un accord conjugal. Mais aujourd'hui, alors qu'elle devait changer de voiture et que Jérôme lui proposait de prendre une petite urbaine deux portes, Élise refusa : elle voulait une berline familiale, un point c'est tout. Car elle était déjà en pensées dans sa nouvelle vie, demain, avec les enfants, envisageant tous les détails concrets à résoudre.

Il n'est possible de vivre qu'une seule identité à la fois. Or la question est de savoir si le rêve est assez fort, crédible, réalisable, pour pouvoir s'imaginer vraiment dans une autre vie. Gabrielle, par exemple, n'y parvient pas. Elle décroche de plus en plus de son présent sans qu'une alternative lui apparaisse véritablement. « Le quotidien devient plus lourd, la vie de famille pesante, on perd sa légèreté et l'on s'enfonce doucement dans les reproches et la tristesse. C'est cette progressivité qui empêche d'y voir clair, de prendre les bonnes décisions et d'affronter l'avenir. »

Nina aussi était dans cette sorte d'engloutissement, de non-vie, elle se sentait lentement s'enfoncer dans cette grisaille dépressive. Puis elle avait commencé à imaginer s'en sortir, à fixer des échéances de départ, à jouer au Loto en rêvant de ce qu'elle ferait avec le gros lot. Je lui demande si cela ne la fatigue pas d'être deux personnes en une, tantôt dans le présent, tentant de positiver ce qui peut l'être, tantôt dans l'autre vie, l'avenir plein de couleurs. Non, me répond-elle : « Cela m'aide au contraire, car j'ai l'impression de jouer un peu un rôle maintenant, je me détache de ce que je dis et de ce que je fais en jouant mon rôle, sans y accorder d'importance, cela ne m'atteint plus, ou cela m'atteint moins. Même quand il a ses crises de violence, je le laisse taper sur la table et je vais plus loin. Mes crises de larmes sont plus rares aussi. Car en secret ce sont mes projets qui me font vivre. Je pense de plus en plus à cette autre vie qui m'attend. »

Eliane, à qui je pose la même question qu'à Nina, exprime une évolution très semblable : « Eh bien, c'est assez paradoxal… parce que oui, cette impression d'être en "stand-by" est fatigante, et pour moi, et pour l'entourage (les enfants surtout), et en même temps j'y trouve une forme de confort. Je sais que je suis prête à partir, et d'avoir eu la force de l'exprimer a été pour moi libérateur. J'attends un déclic pour me faire passer à l'étape de la mise en œuvre de ce désir. Déclic qui, j'en ai parfaitement conscience à présent, ne peut dépendre d'une intervention extérieure (tant espérée néanmoins) mais bien de moi-même. »

Le déclic

Le déclic ! Beaucoup de témoignages ont évoqué ce fameux déclic. Le piège est si gluant en effet que l'on a énormément de mal à se décider malgré la souffrance. Il faut donc un déclic. Une crise plus forte qu'à l'ordinaire, une promotion dans le travail, une maladie, un décès, un déménagement. Il faut un déclic, ou plutôt des déclics. Car plusieurs sont souvent nécessaires, marquant les différents stades de l'émancipation progressive : vouloir vraiment s'en sortir et établir un projet de départ, puis réussir à le dire, puis à le faire. Il peut hélas s'écouler des années entre ces étapes quand les déclics se font trop attendre. Malgré l'horreur qui s'installait entre eux, y compris au creux du lit, Marion ne parvenait pas à réagir: «Une tension extrême planait au moment du coucher. Pas question de nous frôler, pas question de nous parler. Des nuits sous tension, un sommeil qui guette, mal partout le matin au réveil. Et puis, en 2013, un de mes proches amis est mort très brutalement, une mort inattendue qui m'a bouleversée. Ce grand domino de chagrin a tout bousculé en moi, j'ai fait trois mois après au travail un grand burn-out, j'ai réinterrogé toute ma vie. Une vraie bousculade.» On n'a pas le droit de ne pas au moins essayer de connaître le bonheur. Marion décide d'un coup de se séparer.

Pour Élise, le déclic fut beaucoup plus agréable: pas la mort d'un ami, mais un simple petit bisou sur la joue. Enfin, pas n'importe quel petit bisou. Elle intériorisait sa souffrance jusqu'à somatiser assez gravement, s'enfonçant dans ses idées noires. «Tout à coup, au détour d'une rue en me rendant au travail, je croise un vieil ami, nous étions très proches et il est heureux de me revoir, on discute, il m'embrasse la joue chaleureusement. Je vais passer une heure les genoux tremblants devant mon ordinateur au travail, incapable de traiter le dossier que j'ai ouvert. J'ai reçu plus de tendresse et d'affection dans ce bisou sans aucune arrière-pensée que dans les dernières années passées avec mon conjoint. C'est comme si la terre s'était ouverte sous mes pieds. Le déclic ! Rien ne sera plus jamais pareil, je me rends compte que j'ai fait l'autruche pendant des années au sujet de mon couple, que toutes les nuits je rêve de l'homme qui me permettra de quitter ce couple dans lequel je meurs à petit feu, je m'imagine veuve, c'est plus simple ! Mais forcément, les accidents, ça n'arrive pas à ceux qui aimeraient que ça leur tombe dessus. C'est atroce de dire ça, mais comme j'étais dans l'incapacité mentale de me projeter divorcée, c'est le seul fantasme acceptable que je pouvais avoir sans me sentir coupable. »

Élise attendait que ce déclic lui vienne de l'extérieur, y compris dans des circonstances tragiques et peu probables. Or, sans doute parce qu'elle était prête pour ressentir cela, un simple bisou venait de lui révéler soudainement son désir de vivre et qu'elle pouvait être désirable. Une seconde avait suffi pour lui redonner confiance et pour qu'elle mesure l'abîme qui la séparait du minimum de bien-être et de tendresse que chacun est en droit d'attendre.

Eliane a passé le stade du petit bisou, elle multiplie les amants pour provoquer l'irréparable, mais son mari ne réagit pas, il ne se passe rien de décisif : « Je suis au bord de la cage, la porte est ouverte… je suis en train de compter avant de m'envoler. » Il lui faudrait un second déclic désormais. Pour enfin connaître la liberté.

Le chantage affectif

Le frein à la décision est parfois en soi-même: Eliane ne parvient pas à s'envoler alors que la cage est ouverte. Il est parfois au-dehors, dans les conditions financières et matérielles. Il est parfois aussi dans l'attitude du conjoint. Qui, après des années de torpeur et de silence, se réveille soudain quand l'hypothèse du départ est évoquée, multipliant chantages et menaces. De façon assez originale pour le mari de Maude, qui entame une grève de la faim et perd vingt kilos; elle prend peur et revient alors qu'elle l'avait déjà quitté. De façon plus classique et agressive pour le mari de Bénédicte: « Menaces par rapport aux enfants qu'il me prendra, menaces par rapport à la maison et à l'argent, menaces par rapport aux propos qu'il tiendra à mon encontre notamment auprès de mes parents. Donc je m'éteins, je perds mon énergie vitale, je mange du chocolat pour boucher le trou au fond de moi. »

Domitille avait déjà essayé une première fois de sortir du piège: « Il y a 5 ans, j'avais voulu partir, nous avions un seul enfant, pas de bien immobilier, mais j'ai cédé car ma vie était devenue un enfer: il me réveillait la nuit, m'implorait à genoux, m'appelait au travail, il ne mangeait plus, ne dormait plus. Seul son père était au courant. Celui-ci a donné une grosse somme d'argent pour que l'on fasse construire en pensant sauver le couple. » Hélas, la maison l'emprisonne encore plus, puis arrive un second enfant. Aujourd'hui, c'est décidé, Domitille va vraiment partir, et elle jure qu'elle ne fera pas machine arrière : « Le plus difficile actuellement est de gérer son refus car il s'obstine à vouloir continuer et il essaie de me faire changer d'avis : harcèlement, menaces de mort, intimidation par l'argent, victimisation des enfants. »

La violence explose donc parfois, nous l'avons vu à plusieurs reprises. Mais n'oublions pas que la plupart du temps le piège est insaisissable et gluant, c'est d'abord et avant tout cela qui le caractérise. Les menaces du conjoint ne sont pas toujours franches et nettes, elles sont insidieuses, changeantes. Et surtout elles s'expriment elles aussi sur un matelas de souffrance qui ne parvient pas à se manifester autrement. Maude par exemple est la première à reconnaître que son mari gréviste de la faim souffre d'une carence affective qui lui vient d'une enfance très malheureuse ; il se sent incapable de vivre sans elle. Le piège devient encore plus terrible quand l'homme qui ne sait pas vous rendre heureuse est perdu sans vous, quand cette vie de misère ne pourrait être abandonnée qu'à la condition d'avoir un cœur de pierre. Certaines ont le cœur bien trop tendre pour cela, certaines sont trop remplies d'amour pour desserrer l'étreinte mortifère. Violette ne peut s'y résoudre. Quand elle était jeune, les 25 ans d'écart avec son mari ne lui avaient pas du tout posé problème. Aujourd'hui il est devenu un «petit vieux» qui lui fait honte dans la rue: «Quand je songe à le quitter, il le sent et devient doux et collant comme un petit toutou, c'est pathétique, insupportable, mais je ne peux le faire souffrir. Alors je reste.»

La peur de faire souffrir

Stéphanie non plus ne voudrait pas faire souffrir son ami, d'autant que celui-ci est particulièrement gentil et prévenant. Après toutes les horreurs que nous avons vues, les hommes-absents ou les hommes-violents, de quoi donc se plaint-elle? demandent ses proches. Pourtant, elle aussi a le sentiment d'étouffer, et de pouvoir d'autant plus difficilement s'échapper du piège qu'elle affronte non pas l'indifférence ou la méchanceté, mais l'amour. Trop d'amour. Stéphanie est victime de trop d'amour! «Cet ami, lorsque nous nous sommes revus "pour papoter", avait une copine et allait s'engager dans la vie (acheter un appartement avec elle et faire des bébés). Mais il a rompu et a tout quitté suite à ce rendez-vous, parce qu'il était tombé amoureux de moi. Et voilà que, petit à petit, nous avons formé un couple. Amoureuse au départ (le changement d'air?), je me suis très vite senti étouffer: physiquement (pas moyen de prendre une douche seule, il me caresse les cheveux comme un chat si on regarde la télé) et mentalement (il répète à tout-va que je suis celle qu'il a toujours cherchée, que je suis la plus belle et qu'il pensait que j'étais inaccessible, la perfection – ce que je ne suis pas). Bref, j'étouffe et je commence à redouter les week-ends à deux (lorsque mes enfants sont chez leur papa)... Panique à bord et pas envie de rentrer chez moi... Pourquoi mon témoignage? Parce que je me sens coupable de le quitter, lui qui a tout quitté pour moi. Lui qui montre tellement d'amour! Lui qui prétend avoir tellement besoin de moi! Parce que ma famille et mes amies proches estiment que j'ai une chance INCROYABLE d'être aimée par un être si bienveillant et démonstratif (et qui est censé me faire oublier mon EFFROYABLE ex-mari...). Bref, le piège quoi.»

Beaucoup de témoignages disent la peur de faire mal à l'autre. L'autre que l'on a aimé jadis, l'autre qui souffre parfois. La peur! La peur est constante, indéfinissable, multiple, dès que l'on envisage sérieusement de rompre. Peur de ne pas pouvoir s'en sortir matériellement, de galérer, de vivre mal. Peur pour les enfants. Peur de l'inconnu, de cette nouvelle existence sans repères, de ne pas savoir comment faire quand tout sera à réinventer. Peur des explications compliquées à fournir et des combats éprouvants. Aline dresse secrètement la liste de ses frayeurs. « J'ai juste envie d'énumérer ce qui me vient en tête lorsque j'y pense :

– nous avons déjà vécu un divorce avant de nous connaître, ce deuxième mariage serait un nouvel échec ? À 40 ans !

– la peur de me retrouver seule à assumer financièrement mes enfants ; je ne pourrai pas leur offrir les mêmes choses, pas une belle maison avec un jardin…

– tout recommencer à zéro, une nouvelle vie, pas la force

– peur qu'il me fasse encore plus de mal en étant divorcée que mariée ! »

Peur aussi de la solitude. Vivre mal à deux est une chose, mais qui dit que vivre seule ne serait pas pareillement douloureux ? Yori a peur de l'avenir, elle n'a pas de travail et a longtemps évoqué ses enfants pour ne pas franchir le pas décisif. Alors qu'ils vont maintenant quitter le foyer, elle sait que ce n'était pas la cause la plus profonde : « Non en vérité je sais bien que je n'ai pas le courage de partir. » Certes, elle se sent seule actuellement. « Seule, si seule, si triste. » Mais qui dit qu'à 54 ans elle va pouvoir rencontrer un autre homme ? « J'ai besoin d'amour, de tant d'amour, de la tendresse, un regard, une caresse. » Sans compter que rencontrer un homme ne suffit pas, il faut que la nouvelle histoire soit belle, ce qui hélas n'est pas garanti.

Nathalie a tout quitté, son travail, sa région, ses enfants, « pour accompagner au quotidien un homme qui m'avait promis monts et merveilles ». Un rêve romantique et enchanteur. Rapidement métamorphosé en cauchemar, triste histoire du prince se transformant en crapaud. « Hélas, échec, trahison. » Être prise au piège une deuxième fois est encore plus désespérant. « Je sers de déco, sous ce toit on me parle mal, on me bouscule, on m'ignore. Aujourd'hui je n'ai plus rien, ni argent, ni ambition, plus de perspective. Je ne peux même pas le quitter. Pour aller où ? Je n'ai pas le choix, je dois subir. Je ne sais pas si ce mail sera lu, mais j'avoue que d'écrire ces quelques lignes m'a fait du bien, alors pour ça MERCI. »

La confiance en soi

Je ne voudrais pas terminer ce chapitre sur des notes aussi sombres. Plusieurs témoignages ont raconté les départs réussis, la décision longue à mûrir certes, les difficultés lors de la transition, mais ensuite la sensation intense de bonheur, de légèreté, de gaieté, de vie. Enfin ! Parfois à l'occasion d'une rencontre, la belle histoire si longtemps espérée en secret, parfois dans une séquence de vie en solo qui n'avait rien de solitaire ni de déprimant. Là est sans doute la clé d'ailleurs : avant de rêver à l'amour, il faut d'abord être prête à s'assumer seule pour parvenir à s'évader. Ce qui, outre les questions matérielles, exige une grande confiance en soi.

Or la confiance en soi est justement ce qui manque le plus. C'est ce même défaut de confiance qui avait empêché de prendre la décision beaucoup plus tôt, un défaut de confiance qui avait parfois commencé à se former dès les premières années de la vie et que l'on traîne comme un boulet, un défaut de confiance habilement travaillé par le partenaire quand il est manipulateur.

Élise a vécu tout cela, cet enchaînement d'occasions perdues où chaque fois il lui manquait un grain de confiance. Puis il y avait eu le petit bisou et d'autres merveilleux événements minuscules qui l'avaient remplie d'une énergie nouvelle et d'une confiance lui permettant de dire que oui, cette fois, c'est sûr : elle va partir bientôt.

Nina a moins subi le dénigrement systématique qui sape l'estime de soi. Elle a cependant ressenti le même effondrement intérieur, marqué par ses cauchemars d'engloutissement. « La vie s'éteignait en moi sans que je m'en rende compte, plus de goût, plus d'énergie, plus d'envie, une lassitude, une tristesse. Comment penser partir quand on s'enfonce dans une telle saloperie ? On se sent diminuée, faible, à moitié vivante, alors qu'il faudrait au contraire une énergie et une volonté colossales pour briser ses chaînes. »

Je poste un message à Nina : « Oui mais cela c'était autrefois, aujourd'hui vous êtes bien décidée, vos projets sont clairs, vous savez que vous allez les réaliser. »

Nina me répond : « Oui, peut-être... on verra. »

Malgré mes relances ultérieures, ce fut son dernier message.

2

Un si grand besoin d'amour

Dans nombre de représentations imaginaires (et pas seulement dans les contes de fées), l'amour semble tomber du ciel et possède les caractéristiques immuables d'un phénomène éternel. Il a même droit parfois à une majuscule (l'Amour!) qui renforce l'idée d'un être surnaturel. Or sa réalité est au contraire extraordinairement vivante, changeante, multiple, voire contradictoire. Des formes amoureuses opposées se sont affrontées à travers les âges, et l'amour n'a cessé de changer selon les époques. J'ai raconté cette histoire étrange et très mal connue dans un autre livre*. Je me contenterai ici de la résumer en quelques lignes pour mieux souligner les caractéristiques des

* Jean-Claude Kaufmann, *L'Étrange Histoire de l'amour heureux*, Armand Colin, 2009.

bouleversements actuels, qui sont considérables. Et expliquent que les effondrements psychologiques individuels puissent être si violents quand l'amour se meurt. Ils expliquent aussi pourquoi le piège conjugal peut se refermer sur soi sans que l'on parvienne à réagir.

Un amour qui vient de loin

Deux histoires bien différentes se croisent continuellement à l'intérieur de la grande histoire de l'amour. Celle de l'agapè, universalisme inconditionnel bienveillant, et celle des passions. Deux histoires qui ont toujours été antagoniques et tentent pour la première fois de se rejoindre aujourd'hui. L'agapè est assez bien connue dans ses formes anciennes, elle fut notamment une des composantes fondatrices majeures de la morale chrétienne. Enjoignant chacun à dépasser son égoïsme pour aimer son prochain comme soi-même, avec bienveillance et de façon inconditionnelle. Quelles que soient les fautes de ce prochain, quels que soient ses crimes, à aimer même son pire ennemi. À conserver contre vents et marées cette position de principe, dégageant un prosélytisme vertueux, avec la conviction secrète que l'amour, ce type d'amour, finira par vaincre tous les sentiments mauvais.

La suite, qui mène de l'agapè des premiers siècles à l'amour conjugal d'aujourd'hui, est moins connue et infiniment complexe à expliquer en quelques lignes, d'autant que de larges détours sont nécessaires en dehors des territoires habituels de l'amour. Comment faire pour ne pas être accusé de schématisme outrancier ? Je vous propose, cher lecteur, sans du tout vous faire injure, de bien vouloir imaginer un instant que vous avez, disons, 8 ans, cette convention me permettant de parler plus librement. La mode est d'ailleurs actuellement à de tels livres, *Lettre à mon fils* ou *Lettre à ma fille*, pour tenter d'exposer clairement des notions compliquées. Voici donc ce que je pourrais raconter en quelques idées simples :

Les premières sociétés étaient des sociétés religieuses, peuplées de très nombreux dieux et esprits divers. Puis l'idée se généralisa d'un dieu unique (dans le judaïsme, le christianisme, l'islam), porteur de la Vérité absolue, lumière divine dissipant les ténèbres. « Dieu est Lumière et Vérité », dit l'Évangile de Jean, il apporte la foi et la connaissance, les deux étant intimement liées. Au siècle des Lumières, des philosophes avancèrent l'idée que la Raison pourrait avantageusement remplacer Dieu pour guider les hommes. Ils n'étaient pas contre Dieu, ils voulaient simplement que l'intelligence du monde ne connaisse aucune entrave, ils voulaient libérer le savoir scientifique en toute chose.

C'est ainsi que nous sommes entrés dans ce qu'on appelle la Modernité. Qui allait apporter beaucoup de savoirs, beaucoup d'innovations techniques, beaucoup de libertés aux individus. Mais au centre de la société on s'aperçut peu à peu qu'il y avait un problème. La Raison introduisait de la sécheresse, de la froideur dans les relations humaines. Elle se révélait par ailleurs un très mauvais instrument de gouvernement. Car, contrairement à ce qu'avaient rêvé les philosophes de l'Encyclopédie, elle n'était pas un savoir positif pouvant s'empiler comme des briques. Au contraire, la pensée scientifique se révélait puissamment critique et déconstructrice, démolissant sans cesse tout ce qu'elle venait de bâtir.

La société moderne ne pouvait donc être fondée sur la grande Raison. Elle le pouvait par contre sur une définition beaucoup plus réduite, minuscule : l'idée avancée par les économistes que les individus étaient « rationnels ». C'est-à-dire, en fait, calculateurs, prenant chacune de leurs décisions selon leurs intérêts. Leurs intérêts égoïstes. Cette vision de l'homme était tellement réduite qu'elle pouvait entrer dans des équations, et plus tard dans des algorithmes qui allaient dominer le monde. La Raison des Lumières s'était révélée sèche et froide, mais ce n'était rien comparé à la glaciation qu'allait engendrer l'autorégulation par les algorithmes économiques et financiers. Car ce n'est rien de moins que l'égoïsme et le cynisme qui avaient été placés au cœur du fonctionnement social.

Des petits mondes de tendresse

Impossible à vivre, bien sûr. Même si nous sommes parfois égoïstes, des pulsions d'humanité nous poussent heureusement vers l'amour, l'amitié, la générosité, la simple ouverture aux autres. Dès le début, certains envisagèrent des alternatives. Plutôt que l'argent, l'amour ne pourrait-il pas diriger la société? Des utopistes imaginèrent des communautés fondées sur l'amour et tentèrent de les réaliser à travers la planète, en France, aux Amériques. Hélas, ces expériences furent toutes des échecs. Dans les familles par contre, une gigantesque mutation commença à se mettre en mouvement. Face à ce grand monde évoluant vers des horizons décevants, chacun engagea de plus en plus son potentiel d'humanité dans son petit monde à lui. C'est à cette époque que l'univers public et l'univers privé firent sécession. Le monde privé, qui jusque-là n'était pas vraiment séparé, s'édifiait désormais sur des valeurs différentes de celles qui régissaient le grand monde : la générosité, la tendresse, l'amour. Plus l'égoïsme calculateur s'installait au centre du fonctionnement social, plus dans les marges s'épanouissait l'altruisme amoureux. L'individu lui-même se coupait en deux : égoïste-calculateur quand cela s'avérait nécessaire, se donnant corps et âme pour son petit monde dès qu'il le pouvait.

Le couple amoureux

L'ancienne agapè joua ici un rôle décisif, en étant reformulée pour s'adapter à la nouvelle situation. Les couples jusqu'alors n'étaient guère fondés sur le sentiment. « Boire, manger, dormir ensemble, c'est mariage ce me semble », dit un proverbe de la fin du Moyen Âge. Peu à peu, tout un nouveau contenu affectif est introduit dans les ménages, créant une ambiance d'attention bienveillante envers les proches, voire de douceur caressante. Le monde privé jouait désormais un rôle de consolation, de réconfort et de thérapie face aux duretés du grand monde.

L'Église fut partie prenante de cette mutation. Supplantée par l'État dans la gestion des affaires publiques, elle glissa vers le privé et parvint à maintenir une influence importante en se plaçant en pointe dans l'invention de cette morale domestique. Le christianisme est une religion d'amour qui enjoint d'aimer son prochain comme soi-même. Tous les prochains, *a fortiori* les plus proches. Imagine-t-on que l'on puisse se contenter de boire, manger et dormir ensemble ? Sans l'ombre d'un sentiment, alors que la religion commande d'aimer partout ailleurs ? Cela aurait été impensable. Dès lors que l'Église se mêlait du mariage, elle se devait d'y introduire au moins un peu d'amour.

Tout ne fut pas simple bien entendu, des débats firent rage. Comment aimer son conjoint ? Avec ardeur ? Non, surtout pas, point trop ! Il fallait éviter les passions dévastatrices ou l'échauffement du désir, garder une réserve, proscrire les effusions de toutes sortes. Dans le secret des confessionnaux, la répression s'abattit sur les amours physiques « exagérées », « trop ardentes » et « contre nature ». Les femmes étaient spécialement visées, surtout parce que, depuis la poésie courtoise, elles étaient devenues de grandes lectrices de littérature sentimentale. L'amour qui devait être installé dans les petits mondes privés n'avait rien à voir avec la passion et ses élans destructeurs. Il devait au contraire viser à l'éternité de la vie conjugale par une position de principe s'inspirant de l'ancienne agapè. Aimer son conjoint pour toujours, l'aimer quoi qu'il fasse, y compris quand il pourrait apparaître agaçant ou haïssable, l'aimer de manière égale, sans jamais faillir à cette injonction.

L'amour chrétien universel se bornait à la bienveillance et au refus de la haine, et ne laissait s'épancher quelques affects que pour ce qui avait trait à la charité envers les malades ou les démunis. L'agapè conjugale s'appuie aussi sur la bienveillance, ainsi que sur la charité quand le conjoint est en souffrance. Il ne s'agit cependant là que d'une base à partir de laquelle peuvent être ajoutés divers étages d'épaisseur affective. À commencer par la tendresse. Au XVIIe et plus encore au XVIIIe siècle, l'amour conjugal est de plus en plus associé à la tendresse. Ce sont les femmes qui initient cette mutation, car elles ont accumulé une vraie culture en ce domaine. Cela tient à leur position dans la société. Tenues à l'écart des sphères publiques, elles s'étaient spécialisées dans l'intime, et l'enrichissement de l'amour conjugal leur permettait dès lors d'élargir leur influence sociale. Elles utilisèrent pour cela leurs lectures sentimentales. L'Église veillait à ce que les dérives passionnelles soient évitées et que l'élan soit réorienté vers l'agapè domestique. Les lectures masculines renvoyaient davantage aux phases de conquête et à une conception de l'amour plus guerrière (dans la poésie courtoise, le soupirant est un chevalier qui traverse de terribles épreuves pour sa Dame). Le mot amour lui-même avait des connotations de témérité et d'audace. Grâce aux femmes, il prit les nouvelles teintes d'une douceur tranquille, enveloppée par la caressante tendresse conjugale.

Le futur n'est plus un destin

De même que l'amour chrétien commandait d'aimer son prochain, l'agapè domestique ordonnait d'aimer son conjoint par principe, systématiquement, au-delà des réalités concrètes et des sensations du moment. De refouler les insatisfactions, les agacements, les peines, le principe d'inconditionnalité permettant de continuer le chemin quelles que soient les embûches. Tout fonctionna ainsi dans la première moitié du XXe siècle, avec un apogée dans les années 1950. Après les privations de la période de guerre, la famille fondée sur ce type d'amour semblait plus solide que jamais. C'est dans ce ciel serein qu'éclata l'orage de ce que l'on appelle souvent la « seconde modernité ». Dès le début des années 1960, surtout dans la jeunesse, les individus commencent à refuser que leur futur soit imposé comme un destin. Ils veulent décider en tout domaine, choisir leur avenir, leur vérité, leur morale. Et, pour le couple, pouvoir rompre quand ils considèrent que l'amour n'est plus là. Or ce nouveau principe d'autonomie s'oppose frontalement à l'inconditionnalité amoureuse.

Notre monde si froid et dur, si éprouvant mentalement, génère un immense besoin d'amour. Jamais sans doute, dans aucune société, le désir de consolation caressante n'a été aussi fort. Hélas, le couple, instrument ordinaire de cet amour de réconfort, entre en contradiction avec l'individu autonome de la modernité avancée. Le partenaire, avec qui l'on poursuivait son chemin quoi qu'il advienne et jusqu'à la mort dans la société d'autrefois, se révèle un associé révocable, soumis du coin de l'œil à une discrète évaluation critique. Même amoureux, l'individu autonome ne peut s'empêcher de le tester, décidant de rompre quand il considère que le bonheur n'est pas suffisamment au rendez-vous. Ne pas être heureux est devenu intolérable.

La règle d'or

Souvent, des journalistes me téléphonent pour solliciter une interview sur un thème récurrent : « Quel est le secret des couples qui durent ? » Car certains couples résistent de façon étonnante, semblant se jouer mystérieusement de tous les obstacles. La réponse est à la fois difficile à expliquer et très simple sur le fond. Ce sont des couples qui parviennent à maintenir le principe d'inconditionnalité au-dessus de tout.

L'inconditionnalité à elle seule ne garantit cependant pas le bonheur. Il existe des couples qui vivent ensemble, longtemps, par simple renouvellement des habitudes, refoulant les insatisfactions et esquivant les conflits, mais sans exprimer réellement un attachement amoureux. Cette inconditionnalité du pauvre est de plus en plus rejetée. Nous aspirons à l'inverse à un enrichissement de l'agapè domestique. Par davantage de bienveillance, d'attention à l'autre, de complicité, de tendresse. Mais aussi par ce que j'ai appelé la

« règle d'or » du couple d'aujourd'hui : une confiance mutuelle à toute épreuve.

Notre société de compétition et d'évaluation systématique produit un déficit structurel d'estime de soi qui tend à devenir la maladie de notre époque. D'où l'immense besoin de reconnaissance qui monte de toute part pour restaurer la confiance personnelle. Surtout la reconnaissance des plus proches, surtout celle du conjoint. Renforcer la confiance en soi grâce au regard de confiance du conjoint est devenu ce qui est peut-être la fonction la plus importante du couple d'aujourd'hui. Au point qu'une véritable « règle d'or » de confiance mutuelle et de reconnaissance réciproque devient fondatrice du couple contemporain. Quoi que fasse l'autre, quoi qu'il dise, il a raison et ses faits et gestes sont dignes d'être admirés. Notre partenaire conjugal est devenu notre soutien inconditionnel, notre fan privilégié. Quand l'amour se meurt dans le couple, c'est d'abord et surtout cette confiance mutuelle qui est attaquée, provoquant des ravages, des effondrements intérieurs, des pertes d'énergie vitale pouvant aller jusqu'à des idées de suicide. Nous l'avons vu dans nombre de témoignages poignants. Ce qui apparaît alors comme un mal-être personnel vient en fait d'un dysfonctionnement du couple, touché en son cœur : la confiance mutuelle.

J'avais remarqué cette place de la confiance dans l'ordinaire de la vie à deux lors d'une recherche sur les repas de famille. Un thème de conversation récurrent, surtout le soir, est le récit de journée des uns et des autres, marqué par tous les malheurs subis (injustices ou agressions), les souffrances ressenties, spécialement au travail. Dans cette sorte de feuilleton oral répétitif, une figure de méchant ou de méchante revient souvent (« il m'a encore fait ceci » ou « elle m'a encore fait cela »). Le conjoint entre alors dans un rôle thérapeutique d'écoute compréhensive et de soutien actif (« ah, il est ignoble ! », « oui, c'est une vraie peste ! »). Il est l'oreille dont on a tant besoin, le grand consolateur. Le couple est d'abord un lieu tout simple mais essentiel de réconfort et de consolation.

L'individu cependant n'est pas inscrit dans un seul cercle de socialisation. Il est conjoint, enfant, membre d'une équipe de travail, d'un groupe sportif, etc. Dans chacun de ces cercles il cherche également confiance mutuelle et reconnaissance réciproque, d'une façon toujours spécifique. Ce qui produit de nombreux tiraillements aux points de jonction entre les diverses appartenances. Le principe de la règle d'or conjugale est de devoir dominer tous les autres jeux de confiance mutuelle. Au risque sinon de mettre le couple en danger. Même le fait d'être « fils de » ou « fille de » doit passer après. Quel que soit l'amour que l'on porte à ses parents, le couple prime désormais dans l'ordre de la confiance mutuelle.

Un monde de douceur et de tendresse

La règle d'or est essentielle, mais non suffisante. De moins en moins suffisante. Elle est une simple base sur laquelle s'accumulent des étages d'émotions partagées, toute une épaisseur amoureuse. Une idée en particulier tend à se généraliser : instaurer la douceur et la tendresse en système. L'idée de la douceur n'est pas vraiment nouvelle, l'idée de la tendresse non plus, j'en ai dit un mot. La nouveauté tient à leur systématisation. La tendresse entraînant la tendresse et la douceur entraînant la douceur, une véritable écologie de la caresse émotionnelle est en train de prendre forme. Elle est promue par des institutions et des professionnels du couple (journalistes, psychologues, conseillers, magistrats) qui ont d'abord à traiter les situations de crise ouverte. Au nom de l'enfant, c'est ainsi qu'un modèle du bon divorce s'est imposé depuis quelques années. L'art nouveau consiste à se séparer, sans doute pas avec tendresse, mais au moins sans invectives hurlantes. Ce qui est loin d'être simple, bien sûr. Malgré tout, les divorces tendent de plus en plus à s'en rapprocher, et cette pacification des conflits les plus graves a des effets à rebours sur les querelles plus courantes. Car nous avons besoin de caresses, physiques et sans doute encore davantage mentales, pour nous apaiser et savourer la douceur face à la dure froideur du monde. Nous avons besoin de plus en plus de caresses. Le couple ne peut donc pas se contenter aujourd'hui du simple réconfort et de la consolation ; il doit apprendre à être caressant, de plus en plus caressant, à imaginer des prodiges dans l'art de la tendresse et de la douceur. Et parfois aller encore un peu plus loin, vers plus d'intensité et plus de surprise. Aller au-delà du bien-être et atteindre le plaisir.

Il y a pour cela dans la plupart des couples des lieux et des moments ritualisés, des bulles de petits bonheurs où l'on se sent rempli, à deux, d'une agréable plénitude existentielle. Notamment dans le lit, car le plaisir sexuel n'est pas un plaisir comme les autres. Il est plus vibrant et plus intime, nourri d'un désir auquel les autres désirs ne peuvent être comparés. Pour des raisons tenant à la fois à la biologie des émotions et à la symbolique conjugale. Des études montrent par exemple qu'une proportion importante de femmes n'éprouvant pas de plaisir à la pénétration souhaitent malgré tout être pénétrées. Car la sexualité symbolise la réalité conjugale, et son défaut pose gravement problème. Ses défauts aussi. Tolérables hier, ils le sont de moins en moins aujourd'hui. Pas seulement dans le lit d'ailleurs. La plénitude complice peut être ressentie à tout instant à travers des activités ordinaires : un repas partagé, une pratique sportive, des vacances à la plage.

La passion change tout

Trop d'analystes soulignent une soi-disant perte sentimentale après le temps fort de la rencontre et des débuts. Ils ignorent qu'un amour très différent s'invente alors. Moins démonstratif, moins excitant, mais profond, généreux, subtil. Même à un grand âge la tendresse conjugale peut dégager une force insoupçonnée. Alors que le choc passionnel de la rencontre se construit en rupture, dans la légèreté exaltante d'un vieux monde qui s'écroule, l'agapè domestique au contraire fait corps avec le monde tel qu'il est et se nourrit des moindres détails de la vie ordinaire. Les couples qui s'étiolent meurent moins d'un affaiblissement de la passion que d'un défaut d'agapè, d'une incapacité à réinventer l'amour au quotidien.

Cela ne signifie nullement que la passion soit accessoire, elle peut même étonnamment s'intégrer à ce bel ensemble et ajouter des moments d'intensité dans les petits mondes amoureux. Étonnamment, car la passion se mélange très mal avec l'amour inconditionnel. Elle résulte en effet d'une longue histoire, opposée sur bien des points. Il est essentiel de prendre le temps de remonter un peu dans cette histoire, pour deux raisons. Pour comprendre précisément comment fonctionne l'amour actuel, avec son entremêlement de deux logiques contraires. Et pour donner quelques clés permettant de saisir les incompréhensions entre hommes et femmes. Car les hommes et les femmes d'aujourd'hui ne s'accrochent pas de la même manière à ces deux histoires amoureuses.

Dans son grand livre *L'Amour et l'Occident*, Denis de Rougemont a magistralement expliqué d'où venait la passion. Comme l'amour inconditionnel, son origine est religieuse, mais d'une religion très différente, puriste et radicale, plongeant dans les vieilles croyances manichéennes qui voulaient ignorer la société d'ici-bas et méprisaient sa médiocrité au nom d'un idéal de pureté et de lumière. Il ne s'agissait donc plus d'aimer le monde tel qu'il est, mais au contraire de le refuser et de ne se fixer que sur ce qui méritait d'être adoré. (Ou, dans le langage conjugal d'aujourd'hui, il ne s'agit plus de s'en tenir au principe d'inconditionnalité qui établit le couple dans la durée, mais au contraire de rompre quand la relation et l'être aimé s'avèrent ne plus être à la hauteur de l'idéal.)

Denis de Rougemont a montré comment l'amour courtois du XIIe siècle, première grande vague passionnelle dans l'histoire, mettant en scène le Chevalier d'Amour et sa Dame, était directement issu de l'hérésie cathare, qui fut violemment réprimée. La douce poésie courtoise semblait si loin du massacre sanglant des Albigeois, passage du noir aux couleurs pastel, que le lien n'était pas évident pour un observateur superficiel. Il s'agit pourtant bel et bien du même mouvement d'idées. Cette conversion du noir au rose va d'ailleurs se reproduire quelques siècles plus tard avec un nouveau mouvement passionnel, immense et tempétueux ; le romantisme. La tourmente passionnelle qui se forme en réaction au rapetissement de l'existence des débuts de la société industrielle fonctionne exactement de la même manière qu'à l'époque courtoise ; le romantisme a deux visages. En Allemagne surtout, le romantisme avait inauguré un programme radical fondé sur une vision mystique qui lui donnait sa force et son élan. L'idée, comme pour Tristan et Yseult (dont le thème sera repris par Wagner, et ce n'est bien sûr pas un hasard), est celle d'une passion totale qui offre à l'individu une subjectivité quasi divine lui permettant d'inventer un univers nouveau, onirique et poétique, loin des petitesses mesquines des bureaucrates et des banquiers. Hélas, comme pour Tristan, ce monde ne peut être créé que contre le monde existant. Ses couleurs seront donc la tristesse et ses sentiments la noirceur. Il reste comme suspendu, ailleurs et nulle part, dans la souffrance mélancolique d'un rêve perdu, sur fond de décors sombres et mystérieux. L'idée de la mort souvent n'est pas loin, donnant plus de puissance encore à l'émotion. L'émotion : voilà le trésor caché. Nous trouvons notre vérité en nous par l'élan émotionnel, la fusion vibrante du sensuel et du spirituel. L'émotion transporte vers l'étrange plénitude d'un univers harmonique.

La grande passion débouchait sur la tristesse, une infinie tristesse, affreusement proche de la mort. Mais paradoxalement, de même que l'amour courtois inversa les couleurs de la religion cathare, le romantisme se métamorphosa en un décor de doux sentiments, une image de bonheur.

Le romantisme adouci

Le romantisme, inventé dans l'univers de la littérature et des arts, s'est ensuite diffusé dans l'ensemble du corps social, influant sur les comportements de chacun dans sa vie de tous les jours. Dans le monde littéraire, après les premiers temps de la gloire, le vent tourna vers le milieu du XIXe siècle : le romantisme n'était plus à la mode. De nouvelles écoles, souvent au nom du réalisme, le critiquaient violemment. Ou s'en moquaient. Elles dénonçaient surtout son évolution, car la littérature romantique avait évolué. Elle s'était banalisée et adoucie, diffusée dans des écrits plus ordinaires, réduisait les drames extrêmes aux simples chagrins d'amour et rêvait d'histoires à la fin heureuse.

Le romantisme s'était mué en simple romance. Les salons à la mode moquèrent ce tournant, aussi et surtout parce qu'il était massivement impulsé par des femmes. Exclues du monde de la grande littérature et fortes de leur savoir accumulé dans le monde de l'intimité sentimentale, elles avançaient pourtant un peu malgré elles dans un immense mouvement de réforme des mœurs. L'erreur à ne pas commettre est de s'arrêter à la forme littéraire de la romance, souvent de piètre qualité et peu inventive. L'important en effet est que ces écrits changeaient profondément la vie, la vie amoureuse et la vie conjugale. Bien des questions aujourd'hui parmi les plus brûlantes nous viennent de la romance.

Discrètement, la mouvance héritière du romantisme ne cessa de s'étendre. À la fin du XIXe siècle, les romans-feuilletons insérés par épisodes dans les journaux portent de plus en plus sur des histoires sentimentales et sont lus essentiellement par les femmes, qui prennent l'habitude de les relier. Avant la Première Guerre mondiale apparaissent les «romans roses». Dans l'entre-deux-guerres, des histoires proposées en supplément des nouveaux magazines féminins se surajoutent à cette production déjà abondante. Les chansons d'amour, par radio et tourne-disques interposés, emplissent l'atmosphère, ajoutant des vibrations sonores aux autres vibrations. Concernant le cinéma sentimental, certes il n'a pas encore en Europe la puissance de celui d'Hollywood, mais dans l'immédiat après-guerre le rattrapage est spectaculaire. L'extension du mouvement porte aussi sur des médias spécifiques, comme le roman-photo. Il faut se représenter quel fut le caractère soudain et massif de ce genre littéraire très particulier, symptomatique de la diffusion impressionnante de la romance dans l'opinion féminine. Il apparaît en Italie, avec des titres comme *Grand Hôtel* ou *Bolero*. Le succès est fulgurant, et ses premières vedettes, comme Gina Lollobrigida ou Sophia Loren, ne tarderont pas à devenir des stars du grand écran. En France, *Nous Deux* à lui seul dépasse rapidement le million d'exemplaires chaque semaine. Les associations chrétiennes s'inquiètent de ces apologies de la passion. Mais de tels anathèmes ne sauraient endiguer le flot grandissant. Les titres se multiplient, les années 1950 voient l'apothéose de la romance. Qui relie encore plus intimement les femmes et l'amour passionnel.

L'élan amoureux

En se diffusant dans l'ordinaire de la vie, le romantisme adouci produit des effets considérables. Mais des effets multiples et difficiles à démêler. Par sa douceur et sa quête du bonheur, il parvient, chose étonnante (et pour la première fois dans l'histoire), à rejoindre son courant rival, l'amour inconditionnel, en ajoutant des épaisseurs émotionnelles et sensibles dans l'agapè domestique. Ou en provoquant de petits moments d'intensité, des bulles d'une vie différente, quand sa magie opère et fait décoller de la routine quotidienne. L'imaginaire de la rupture avec le monde tel qu'il est, marque de la grande époque romantique, joue alors de façon ponctuelle et provisoire, sans remettre en cause l'univers habituel de la vie à deux, mais en l'enrichissant au contraire. Il peut cependant aussi provoquer l'inverse.

Dans la modernité avancée, l'autonomie du sujet, qui est libre de décider en tout domaine et désireux de rester seul maître de son avenir, s'oppose frontalement à l'amour inconditionnel, fondateur des petits mondes amoureux. Il arrive que la confrontation oppose le cœur et la raison (le sentiment, qui pousse à l'attachement, et la réflexion de type consumériste, qui refroidit et mesure les risques). Il arrive aussi que dans ce duel la raison s'impose. Cela s'observe tout particulièrement dans le choix d'un partenaire sur des sites de rencontres, où les candidats peuvent être comparés comme de vulgaires produits de consommation, ce qui crée souvent des hésitations interminables et de grandes difficultés à s'engager, alors que tous ces hommes et toutes ces femmes semblent pourtant à portée. C'est ici que l'élan romantique peut aider. Aujourd'hui comme hier, il est une évidence profondément ressentie, parfois aidée par le feu du désir, qui emporte vers un ailleurs dont on ne cherche pas à connaître dans le détail ce qu'il sera ; seules comptent la force et la beauté de l'envol.

Parfait, direz-vous. Oui, à une remarque près cependant, car ce processus fonctionne de la même manière, mais en sens inverse, quand l'amour se meurt. La passion commande d'épouser la vérité du sentiment et de suivre ses mouvements. Là où l'agapè fait preuve d'une patience éternelle, aveugle et silencieuse au besoin, elle crie haut et fort et ne craint pas la fin de son petit monde. La durée n'a pour elle aucun intérêt quand l'amour est mort. Le romantisme n'est adouci que dans ses formes (rêves de bonheur, violons et petits cœurs en décor) et sait provoquer, y compris par une certaine violence psychologique, un arrachement au monde ancien par refus de l'inconditionnalité. On observe alors un renversement des alliances. La passion, qui ajoutait une épaisseur émotionnelle à l'agapè, se retourne contre cette dernière en s'associant au sujet autonome, qui jette désormais un regard critique sur la situation. Quand l'amour est mort, la passion qui s'éteint ouvre les yeux de l'amoureux déçu sur la triste réalité. Elle ne s'ajoute à l'amour inconditionnel que lorsque tout va bien dans un couple.

Deux logiques amoureuses face au piège

Entre un couple où tout va bien, ou presque, et une rupture ouverte, où chacun crie sa colère et sa version des choses, existe assez fréquemment un entre-deux qui peut durer longtemps, marqué par une perte du sentiment, un mal-être des deux partenaires, alliés à une grande difficulté à communiquer ainsi qu'à prendre des décisions. Se forme alors une sorte de piège conjugal, d'autant plus pénible à vivre qu'il est insaisissable. C'est lui qui est au cœur de ce livre. La plupart du temps, hommes et femmes ne vivent pas ce piège de la même manière. Or cette différence est étroitement liée à leur positionnement par rapport aux deux histoires de l'amour.

Il convient bien sûr d'éviter toute caricature : chaque histoire individuelle est particulière et il existe mille manières de vivre sa féminité ou sa masculinité. Le portrait-type masculin qui se dégage ne signifie pas que tous les hommes soient ainsi. Il convient aussi d'éviter toute caricature dans le lien établi avec les deux histoires de l'amour. Dire par exemple que les hommes ne sont pas romantiques n'aurait aucun sens et serait sans doute très mal compris. Surtout parce que le mot « romantique » renvoie aujourd'hui à une simple sensibilité sentimentale ; et les hommes évoluent vers beaucoup plus de sensibilité et de sentiment.

Mais, historiquement, le romantisme est tout autre chose ; c'est une entièreté dans l'engagement, une plénitude telle dans le sentiment qui envahit l'existence que l'on ne craint pas les ruptures. Or une large majorité de femmes sont plus entières dans leurs engagements, et ce sont elles qui massivement sont à l'origine des ruptures*. Certes, les hommes vivent aussi des histoires passionnées, ils sont même en moyenne plus infidèles que les femmes. Cependant, sans aller jusqu'à dire que c'est d'abord le désir sexuel qui les entraîne dans ces aventures, les observateurs soulignent combien ils sont capables de compartimenter leur existence et de rêver que quelques écarts (tenus secrets) puissent ne pas remettre en cause leur place dans leur base familiale. Et quand c'est leur femme qui les trompe, nous avons vu qu'ils peuvent même parfois rester attachés à leur couple comme si rien ne s'était passé. Pour les femmes, la passion, plus entière, est davantage vécue dans la tradition du romantisme. Et cela n'a rien de surprenant au regard du lien historique très étroit qui les a façonnées ainsi. Plusieurs siècles de romans moqués par les hommes ont forgé des femmes plus entières et plus radicales dans leurs engagements sentimentaux.

* François de Singly, *Séparée. Vivre l'expérience de la rupture*, Armand Colin, 2011.

L'engagement amoureux des hommes

La situation est plus compliquée concernant la seconde histoire, celle de l'amour inconditionnel. Nous avons vu comment les femmes avaient été, là aussi, à son origine, développant le don de soi et la culture de la tendresse dans le couple et la famille. Mais les hommes ensuite y ont aussi trouvé leur place. Parfois de manière plus statutaire que sentimentale, base peu investie à laquelle ils se sentent malgré tout très attachés, voire dont ils deviennent dépendants. Parfois d'une façon plus forte et créative, notamment quand ils introduisent tout un univers de bien-être ludique. Les femmes cependant restent au cœur du dispositif, surtout pour tout ce qui concerne la prise en charge et l'organisation des tâches matérielles. Une famille n'est plus rien si le ménage n'est pas fait.

La plus grande différence entre hommes et femmes tient au fait que les hommes se placent surtout dans un type d'amour, l'agapè domestique, alors que les femmes sont partagées entre les deux. Les hommes sont d'autant plus facilement du côté de l'amour inconditionnel que cette inconditionnalité est pour eux beaucoup moins exclusive! Outre quelques écart sexuels dont ils souhaitent qu'ils ne prêtent pas à conséquence (vous verrez le témoignage d'Antonin, très parlant sur ce point), ils conservent des moments d'activités personnelles (par exemple sportives) en dehors de la famille. Les femmes à l'inverse sont en première ligne, avec beaucoup moins de possibilités de jouer sur ces respirations personnelles quand une insatisfaction se développe. Elles sont donc, c'est logique, plus souvent à l'origine des ruptures. Mais il arrive aussi que la femme ne parvienne pas à se décider, cette indécision l'enfermant dans le piège. Qu'elle ne parvienne pas à se décider surtout parce qu'elle est déchirée entre deux types d'amour. Le sentiment dans la plénitude de sa vérité, qui lui enjoint de partir puisque l'amour est mort. Et l'attachement indéfectible à son petit monde, à ses proches. À ses enfants bien sûr, qui passent avant tout. Et même à son mari, malgré ce qu'il lui fait subir. Son mari qui souffre lui aussi, elle le voit bien ; on n'abandonne pas un mari en souffrance.

3

Hommes et femmes

Les fantômes absents

Les hommes, les pauvres, n'ont pas le beau rôle dans les pages qui précèdent, et je tiens à m'en excuser auprès d'eux. On ne les entend guère, seulement ce qu'en disent leurs accusatrices, une parole certes sincère (elles les voient vraiment comme cela) mais très subjective (Olivier et Jérôme auraient sans doute une autre histoire à raconter). Ils apparaissent donc en arrière-plan, sous des traits étonnamment cohérents mais étranges, sortes de fantômes silencieux et absents ne parvenant à s'éveiller que lors de quelques crises de colère.

Je ne pouvais en rester là. Les hommes, tous les hommes, ne peuvent correspondre à ce portrait à charge. Certes, il y a de nombreux éléments qui sonnent juste dans ce qui est dit, révélant, par la caricature, des traits de comportement typiques des hommes d'aujourd'hui. Le choix de l'esquive pour nier ou fuir les problèmes. Le choix du silence aussi, qui s'associe si bien à l'esquive. De petits coups de force pour assurer les bribes d'un pouvoir défaillant dans le cercle domestique. Mais on sent à travers les lignes combien il y a également du désarroi, de la souffrance exprimée autrement. Par exemple à travers le chantage affectif qui a été décrit, allant parfois jusqu'à un harcèlement insupportable. Pourquoi ces hommes se découvrent-ils amoureux éperdus (et perdus) au moment d'être quittés ? Jusqu'où sont-ils sincères quand ils se montrent ainsi les plus obstinés à défendre les derniers restes de l'amour qui se meurt ?

Et puis, tous les hommes ne sont pas ainsi, de nouvelles manières émergent et se généralisent, des hommes drôles, doux et gentils. Qui font la cuisine le dimanche. Qui font rire les enfants. Qui n'oublient pas les anniversaires. Qui créent de petits moments de bonheur. Qui ont de l'amour dans les yeux. Il me fallait briser le silence, réussir à faire parler ces hommes qui ne disent rien.

Les hommes ne parlent pas moins que les femmes, tout dépend des contextes et des circonstances. Prenez les univers où ils exercent leur domination, la finance, les grandes entreprises, la politique, la technologie ou le sport : ils deviennent d'incorrigibles bavards concédant du haut de leur pouvoir une portion congrue aux femmes, réduites à n'exprimer que quelques mots, sous surveillance narquoise bien souvent. Elles avaient ce même accès limité à la parole dans les familles autrefois. Les manuels de bonnes manières du XIXe siècle, régissant l'ordre de la conversation autour de la table, définissent une stricte hiérarchie. L'homme est le maître, que l'on n'interrompt jamais et qui choisit les thèmes que l'on va discuter. La femme est vouée à son service, avec effacement et modestie. Elle doit agir avec douceur et diplomatie pour suggérer que l'on parle d'un sujet qui lui tient à cœur. (Ensuite, mais ensuite seulement, viennent les enfants, qui n'ont guère le droit à la parole.) Les femmes compensaient en parlant ailleurs, beaucoup, dès qu'elles pouvaient se retrouver entre elles, autour d'un café à la maison, en faisant la queue à l'épicerie. Ou au lavoir, grand lieu de cette socialité féminine qui tentait de refaire le monde. Car les hommes qui se moquaient de ces bavardages sans fin sur des sujets frivoles (la mode, la décoration, les sentiments, les bleus de l'âme) ignoraient qu'en fait une sorte de complot se tramait là. Les femmes inventaient secrètement dans leurs discours la nouvelle culture de l'agapè domestique ; comment se respecter mutuellement, comment bien élever ses enfants, comment donner et recevoir de l'amour.

Ce savoir patiemment accumulé allait leur être très utile.

Pourquoi les hommes ne disent rien

En quelques décennies, tout s'est inversé dans la famille, les femmes ont pris le pouvoir. Et la parole. Elles n'interdisent pas aux hommes de parler, bien au contraire, elles se lamentent qu'ils soient devenus si peu diserts, presque muets quand les liens se délitent. Aucun guide pratique (les manuels de bonnes manières d'aujourd'hui) ne commande aux hommes de se taire. C'est la nouvelle position qu'ils occupent, elle et rien d'autre, qui bride leur expression. Une position désormais subordonnée à des sphères où les femmes exercent leur pouvoir, et surtout leur expertise, dans des domaines très variés : l'éducation des enfants, les relations familiales, la tenue de la maison. En tout cela les hommes savent peu et savent mal, font peu et font mal (du point de vue des femmes). Ils sont devenus des sortes de mauvais élèves chroniques, jamais à la hauteur des attentes de leur maîtresse, récoltant des « Peut mieux faire ! » quand ils croyaient pourtant avoir fourni un effort. Et, comme beaucoup de mauvais élèves non récompensés, ils se découragent très vite, faisant délibérément encore moins bien et se débarrassant ainsi des corvées. Ce n'est pas pour rien que nous avançons si peu dans le partage des tâches ménagères.

Mais ce qui nous intéresse ici est la parole. Quand on plonge dans l'analyse des conversations conjugales, il en résulte que les hommes parlent malgré tout, surtout dans certaines circonstances. La conversation conjugale en effet n'est pas un bloc homogène, elle se divise en sous-catégories spécifiques. Il existe notamment une sorte de bavardage continuel jouant un rôle crucial de construction d'une culture commune : le couple commente tout (l'actualité, les événements de la journée) pour tenter de se mettre d'accord et de forger une même vision, il critique gentiment les amis et la famille, il élabore une morale de l'existence. Les hommes prennent toute leur part dans ce travail, montrant qu'ils savent parler. Il leur arrive même de parler plus que leur femme. Pour les grandes décisions (achat d'une voiture ou d'un appartement, changement de région), la femme sachant s'effacer pour respecter ou simuler une autorité masculine de façade. Ou dans les moments de fête et de rire, quand ils se transforment en clowns gouailleurs ou en animateurs volubiles. À l'inverse, ils se referment sur eux, formulent des phrases brèves ou se murent dans le silence quand ils se sentent infériorisés face à des domaines d'expertise tenus de haute main par les femmes. Cela ne leur pose pas de gros problèmes pour tout ce qui touche aux activités manuelles dans la maison, les récriminations féminines leur permettant même de ne pas trop s'impliquer dans les tâches ménagères. Leur mal-être est beaucoup plus grand concernant le domaine des relations interpersonnelles.

Et les femmes enlevèrent leur haut de maillot

Peut-être dira-t-on que je mélange des choses qui n'ont guère à voir entre elles, mais je me souviens de ce qui m'avait frappé lors de mon enquête sur les seins nus à la plage. Cette pratique était apparue dans les années 1960 sur la Côte d'Azur. Les hommes furent très surpris (et secrètement ravis) de découvrir ce nouveau comportement féminin. Ils ne tardèrent pas à déchanter. Très vite en effet ils constatèrent que leur position supérieure était ébranlée, et se sentirent déstabilisés dans leurs entreprises de séduction balnéaire. Comment draguer une fille qui a enlevé son haut de maillot ? Cette semi-nudité affichée aurait pu, imagine-t-on, inciter à l'audace. Or c'est tout le contraire qui se passait. Les hommes se sentirent soudain gauches et timides. Impressionnés, ils ne savaient plus trop comment faire, et pour la plupart s'abstinrent donc de faire quoi que ce soit. Car les femmes avaient soudain changé de corps. Elles étaient passées des anciennes postures discrètes, yeux baissés, en arrière-plan, à une affirmation époustouflante de leur liberté et de leur assurance. Elles ne jouaient pas de leurs charmes, elles imposaient un pouvoir. Les hommes étaient brusquement rétrogradés d'un cran.

Je raconte cette histoire parce qu'elle me semble très révélatrice d'un certain nombre de comportements masculins dans le couple actuel. Sur la plage, les hommes firent comme s'il ne s'était rien passé. D'ailleurs, tout cela ne leur paraissait pas trop grave, la plage aux seins nus offrait un paysage agréable qui compensait la gêne éprouvée. L'important était surtout de sauver la face, d'être à la hauteur des attentes, de savoir jouer le nouveau rôle social qu'on attendait qu'ils jouent. Ils apprirent donc très vite à afficher à leur tour l'assurance et l'indifférence détachée que commandait la situation, leur regard par exemple n'évitant pas les seins mais glissant dessus comme s'ils ne les voyaient pas. À l'intérieur d'eux-mêmes cependant, le trouble créé par leur rétrogradation ouvrait des brèches de malaise, de désarroi et parfois d'angoisse. Or cette division masculine entre défense des apparences et dislocation intérieure est exactement celle que l'on retrouve dans le couple d'aujourd'hui quand il entre en crise. L'homme fait comme s'il maîtrisait les événements. Comme s'il était toujours là. Alors qu'il est parti ailleurs, s'enfonçant de plus en plus loin dans la profondeur intime de ses questions et de ses doutes.

C'est cette division de soi et cet enfoncement secret qui expliquent le silence. Parce que le cœur de sa vraie vie est dans ces profondeurs tourmentées. Et parce qu'au niveau du rôle officiel affiché il joue la comédie et n'a pas toujours la compétence pour pouvoir parler aussi bien que sa femme. Il préfère se taire plutôt que de dire des bêtises ou se faire rabrouer.

Il faut que ça bouge

Les femmes ne se sont pas contentées d'enlever leur haut de maillot sur les plages (d'ailleurs, après avoir réussi ce coup de force, la mode en est passée, et il y aurait beaucoup à dire là-dessus, mais c'est un autre sujet), elles ont révolutionné l'univers des relations familiales, ouvrant de nouveaux horizons et fixant de nouveaux objectifs à l'épopée domestique. Communication conjugale, expression des sentiments, rêves de perfection, ambitions pour l'avenir de l'enfant, tous les aspects de la vie matérielle et psychique sont un à un touchés par leur volonté réformatrice. Il faut que ça bouge, et ça bouge sans cesse. Face à ce mouvement perpétuel qu'ils ont parfois un peu de mal à suivre, les hommes sont massivement en demande de temps de repos pour reprendre leur souffle. Dans mes enquêtes, un mot revient sur leurs lèvres : la fatigue. Leur femme les fatigue. Du côté des femmes, c'est un autre mot qui domine : l'agacement. Car en tout domaine le conjoint n'est jamais à la hauteur de leurs attentes. Leur homme les déçoit et les agace.

Le fonctionnement du couple contemporain a produit un jeu de rôles caractéristique (deux rôles complémentaires quand cela va bien, devenant conflictuels quand cela va mal) opposant hommes et femmes. Les femmes sont les stratèges et les locomotives, garantes de la réalisation des objectifs, ce qui implique qu'elles soient porteuses de l'esprit de responsabilité et de sérieux qui est nécessaire, ainsi que des angoisses qui vont avec. Les hommes sont les mouches du coche et les fous de la reine, donnant un avis ou un coup de main ponctuel, dédramatisant les situations et tentant d'introduire des moments de bien-être tout simples. Les deux rôles génèrent des manières d'être et des groupes d'émotions différents. Ce n'est pas la nature, le soi-disant éternel féminin ou masculin, qui explique que les femmes soient stressées et les hommes désinvoltes, c'est le rôle qu'ils sont amenés à jouer dans le couple contemporain. Ce n'est pas la nature qui explique que les femmes parlent et que les hommes se taisent.

Dans mes enquêtes sur l'intimité familiale, j'ai l'habitude d'avoir une écrasante majorité d'interlocutrices, on n'en sera pas surpris. Cette proportion varie cependant. J'avais eu beaucoup d'hommes pour parler de la cuisine, de l'aménagement de la maison ou de la drague sur Internet. Aucun ou presque sur les agacements. Ils étaient agacés en secret par mille petites choses, mais refusaient d'en parler de peur que cela ouvre des espaces de confrontation, qu'ils redoutaient. Le jeu de rôles devient tellement contradictoire dans certains contextes que la parole (des femmes) s'oppose au silence (des hommes).

C'était le cas pour les agacements. C'est également le cas, d'une façon peut-être encore plus intense, quand un piège conjugal se forme parce que l'amour est mort. David Le Breton* parle de la disparition de soi, cette tentation du renoncement face à la complexité et à la fatigue du monde moderne. Or, quand un couple en crise se vide peu à peu de sa substance, la descente aux enfers ne prend pas le même chemin du côté féminin et du côté masculin. Les femmes rêvent encore plus de parler, pour comprendre ce qui se passe, et l'absence de parole accroît leur souffrance. Les hommes à l'inverse se laissent lentement couler dans une disparition de soi qui n'est rien d'autre qu'une petit mort, s'exprimant d'abord et avant tout par le silence. Ce qui ordinairement chez eux est une

* David Le Breton, *Disparaître de soi. Une tentation contemporaine*, Métailié, 2015.

simple tactique d'esquive (ne pas trop dire pour ne pas ouvrir de nouveaux espaces de discussion et de problème) devient ici quelque chose de beaucoup plus profond. Ils ne parlent pas car ils ont disparu d'eux-mêmes, ils sont devenus des coquilles vides, des fantômes.

Faire parler le silence

Voilà pourquoi les hommes n'avaient rien dit ou presque rien dans mon enquête, pourquoi j'avais tant de mal à les faire parler, alors que les femmes étaient encore plus prolixes que d'ordinaire quand je les interrogeais. Les femmes piégées explosaient de souffrance, les hommes implosaient en silence. Le constat était important, mais ne m'aidait pas dans mon travail. Comment faire pour obtenir malgré tout quelques éléments me permettant de raconter de l'intérieur ce qu'éprouvaient les hommes ?

Je relus tous les témoignages pour souligner les quelques fragments exprimés par des hommes. Peu de choses, mais qui n'étaient pas sans intérêt. Rémi par exemple s'était totalement retrouvé et identifié dans les cris des femmes. Tous les hommes en effet ne fonctionnent pas de la même manière, et toutes les femmes non plus, les variations sont infinies. Les généralisations que je me permets de proposer, opposant « les hommes » et « les femmes », sont à comprendre comme des schématisations typologiques (des idéal-types, aurait dit Max Weber) permettant de comprendre les lignes de force qui agitent notre société. Concernant le piège conjugal toutefois, le clivage de genre est tellement net que la typification n'est jamais caricaturale, bien que les cas particuliers soient nombreux. Même quand les hommes piégés sortent de leur léthargie silencieuse et cherchent à se révolter, ils le font d'une manière étouffée et peu bruyante. Prenez Richard, qui se sent ouvertement méprisé, voire humilié, en public, et en même temps exploité financièrement par sa femme et les deux filles de celle-ci. Eh bien, il a décidé d'entamer une grève de la faim ! Avant de l'interrompre, d'ailleurs, face à l'indifférence et à l'ironie du trio.

La violence conjugale

Mais, me direz-vous, parfois les hommes réagissent aussi, et même souvent, par la violence. Ils sortent brutalement de leur retrait et de leur mutisme pour frapper. Nous en avons vu plusieurs exemples dans les témoignages, et les chiffres sur les violences conjugales sont alarmants. La violence masculine dans le couple vient d'abord d'une longue tradition où elle était tolérée et restait impunie. On n'efface pas en quelques années un tel héritage historique. On l'efface d'autant moins que les repères anciens qui constituaient l'identité de genre sont bouleversés par la montée en puissance des femmes, générant une «violence de désarroi[*]». La majorité des hommes violents ont un profil caractéristique. Ils sont démunis culturellement et fragilisés psychologiquement, souffrant d'une «peur de non-reconnaissance, de l'angoisse d'être abandonnés, de ne pas être aimés[**]». Ils espèrent tellement du couple que celui-ci ne saurait être à la hauteur de leurs attentes, non formulées et gigantesques, à la mesure de leur mal-être. Mais ce qui déclenche le geste est un peu différent et nous intéresse particulièrement ici, car très lié au silence. «Les hommes violents ne parlent pas[***].» Ils ne parlent pas parce qu'ils ne parviennent pas à le faire, parce qu'ils se trouvent «dans l'incapacité de verbaliser. Lorsque les conjointes renouvellent leurs questions ou leurs reproches, la tension s'accroît[****]». Ils

* Jacques Laporte, *Contribution à la connaissance des auteurs de violences conjugales et de la prévention des actes de violences: les groupes d'auteurs de violences conjugales*, thèse de psychologie sociale, Université de Lyon 2, 2010.

** Natacha Chetcuti et Maryse Jaspard (dir.), *Violences envers les femmes. Trois pas en avant, deux pas en arrière*, L'Harmattan, 2007.

*** Daniel Welzer-Lang, *Arrête! Tu me fais mal! La violence domestique, 60 questions, 59 réponses*, Le Jour, 1992.

**** Jacques Laporte, *Contribution à la connaissance des auteurs de violences conjugales et de la prévention des actes de violences*, *op. cit.*

amassent en eux le désarroi et la colère. « Les insatisfactions, les rancunes et les griefs s'ajoutent au fur et à mesure, puis s'accumulent jusqu'à arriver à un trop-plein *. » Et soudain ils frappent.

Dans les couples mornes qui s'effondrent de l'intérieur, la violence masculine reste épisodique, souvent étouffée ou détournée (ce qui ne l'excuse aucunement, bien sûr). Olivier frappe les tables pour éviter de frapper Nina. La violence éclate surtout dans un type de couple assez différent, plus passionné, jaloux, entier. Les violences conjugales faites aux femmes sont dramatiques, d'autant qu'elles peuvent se terminer par la mort. Tous les trois jours une femme décède sous les coups de son mari. Ce chiffre impressionnant masque cependant une autre donnée, dont on parle peu, certes moins dramatique, mais intrigante : parfois la situation s'inverse et ce sont les hommes qui sont battus. D'une façon pas aussi marginale qu'on l'imagine : les hommes représentent 27 % des cas de violence conjugale **. Ils en parlent moins et se tournent moins vers la justice (10 % des femmes victimes portent plainte, 3 % des hommes seulement), se repliant là encore sur

* Daniel Welzer-Lang, *Arrête ! Tu me fais mal !*, *op. cit.*

** Cyril Rizk, « Le profil des personnes de 18 à 75 ans s'étant déclarées victimes de violences physiques ou sexuelles par conjoint », Observatoire national de la délinquance et des réponses pénales, octobre 2012.

eux-mêmes en silence. Le profil des hommes victimes est également différent. Les femmes battues sont plus nombreuses dans les milieux modestes et précaires que parmi les diplômées de l'enseignement supérieur ; pour les hommes, c'est l'inverse. Des hommes bac+5 frappés par leur femme et qui se taisent : sans ignorer le drame des femmes battues, cela mérite malgré tout que l'on s'interroge un instant.

Un homme battu

Maxime Gaget a été battu par sa femme pendant des années. Ce grand gaillard, informaticien, n'a rien dit à personne jusqu'à la publication de son témoignage dans un livre*. Le caractère très détaillé de son récit, consignant les faits jour après jour, permet de bien comprendre ce qui s'est passé. Certes il était timide et réservé, peu expérimenté dans le domaine des relations sentimentales et sexuelles. Certes le hasard des rencontres l'avait amené à croiser Nadia, son exact contraire, extravertie et manipulatrice, qui sentit aussitôt la bonne affaire et le pigeon pouvant être plumé (après l'avoir attiré dans son lit malgré ses réserves, elle ne tarde pas à dilapider ses économies puis à confisquer sa carte bancaire). Mais la passivité

* Maxime Gaget, *Ma compagne, mon bourreau*, Michalon, 2015.

de Maxime étonne. Plus il se soumet, plus Nadia se déchaîne. D'abord simplement quelques claques, puis des coups de poing qui l'enverront à l'hôpital, enfin de vraies tortures (brûlures, coups de couteau). Cent jours d'hospitalisation au total. Elle brise son téléphone et ses lunettes (il est très myope), lui interdit la salle de bains, le fait dormir sur le sol, etc. Sa cruauté sans limites prend de plus en plus l'aspect d'un délire pathologique.

Pourquoi évoquer ce récit tellement caricatural qu'il frôle l'invraisemblable ? D'abord parce qu'il n'est pas invraisemblable, puisqu'il est vrai (le procès a permis de confirmer la plupart des faits relatés). Ensuite parce qu'il nous apprend un certain nombre de choses très intéressantes. Dans ce contexte complètement différent en effet, Maxime est pris au piège exactement de la même manière que les femmes que nous avons vues. Il ne cesse de penser à partir mais n'arrive pas à se décider. Quand il revit son histoire à rebours, il constate toutes les occasions qu'il a ratées, toutes les fois où il était évident qu'il aurait dû s'échapper. Il avait peur de faire souffrir Nadia ou ses enfants, il renvoyait la décision à plus tard, espérant toujours, au-delà du raisonnable. Et puis, comme les hommes piégeant leur femme, Nadia l'avait coupé de sa famille et de ses amis, elle avait brisé son estime de soi, il n'avait plus l'énergie qui lui aurait permis de réagir.

Nous avons vu précédemment comment le piège classique met en présence des hommes qui s'effondrent en silence et des femmes qui crient leur souffrance. Le mécanisme de l'enfermement est ici identique (Maxime ne parvient pas à se décider), mais l'inversion des rôles engendre des positionnements très différents. La victime ne crie pas, jamais, pas un mot. Maxime conserve le trait de caractère masculin habituel pour se protéger : il disparaît en lui-même. On peut même se demander si, dans cette situation de victime, le silence masculin n'est pas ressenti avec une évidence encore plus profonde. Nadia au contraire se déchaîne, coups et hurlements, elle se transforme en un torrent continu de violences explosives. Un torrent que rien ne semble pouvoir freiner.

Là est justement la question. Elle se laisse aller à cette énergie destructrice parce qu'aucune barrière morale intérieure, en elle, ne la retient. Aucune barrière extérieure non plus. Les hommes bourreaux (ceux qui ne frappent pas) harcèlent mentalement et s'effondrent en silence ; les femmes bourreaux sont propulsées dans une fuite en avant de délires que rien n'arrête. La voisine s'inquiétait-elle en entendant des cris tous les jours ? Nadia avait toujours une explication. Le personnel hospitalier s'étonnait-il de voir sans cesse revenir Maxime contusionné et meurtri ? Nadia inventait une histoire. Comme le jour du procès, où ses fables lui permirent de sortir libre, sans avoir à effectuer le moindre jour de prison.

Car les faits sont en tel décalage avec les représentations dominantes (une femme ne frappe pas son mari au point de l'envoyer à l'hôpital) que chacun a du mal à y croire et que la moindre faribole emporte la conviction. Or le point que je voudrais souligner ici est que ce décalage des mentalités et des institutions avec la réalité n'aide pas les femmes qui, comme Nadia, sont entraînées dans une spirale qui les précipite vers l'horreur. Parce que c'est une femme, et que les femmes sont souvent les victimes, on n'imagine pas qu'elle pourrait être un bourreau. Alors, les pulsions mauvaises dévorent tout sur leur passage, le conjoint, qui est battu, anéanti, les enfants, l'entourage. Mais aussi la personne elle-même, qui, en dehors de quelques secondes de plaisir sadique au cœur de la perversion, sent qu'elle s'enfonce irrémédiablement dans le malheur.

Des femmes détonantes

Nadia est un cas extrême, pathologique, une caricature. Mais on sait combien les caricatures peuvent nous apprendre par le grossissement des traits. Ce portrait, excessif certes, nous dit que toutes les femmes ne sont pas telles qu'on se les représente dans l'imagerie dominante : douces, dociles et secourables. Une large majorité d'entre elles conserve ces caractéristiques, qui leur viennent d'un lointain passé (et qui expliquent qu'elles soient souvent les victimes dans les couples qui tournent mal). Mais cette dominante ne doit pas masquer un courant contraire, très minoritaire, qui ne cesse cependant de se développer. Un courant qui n'est pas isolé et qui révèle des tendances lourdes de l'époque.

Le masculin et le féminin ne sont pas des données stables et homogènes, irrémédiablement condamnées à s'opposer, tels Mars et Vénus, encore moins des assignations biologiques, mais des identifications collectives qui évoluent avec leur temps. Et le temps d'aujourd'hui révèle une façon nouvelle d'assumer sa féminité. Pas pour tout le monde, car il y a mille manières d'être femme. Au-delà de cette diversité toutefois, l'amorce de ce qui pourrait être un basculement à venir commence sans doute à prendre forme. J'ai déjà dit quelques mots des postures corporelles impressionnantes et décontractées qui émergèrent dans les années 1960 et allaient bientôt intimider les hommes. Elles s'inscrivaient dans un mouvement historique beaucoup plus profond, une trajectoire ascendante dégageant une énergie vitale, un goût d'entreprendre, des rêves immenses. Tout au long du XXe siècle, les femmes n'ont cessé de monter en puissance, passant d'un statut subordonné, fait d'obéissance et de don de soi, à une égalité théorique avec les hommes. Année après année, elles ont découvert de nouveaux droits, conquis des territoires autrefois réservés aux hommes, imposé leurs idées dans des domaines où elles avaient beaucoup à dire.

Cette trajectoire historique n'est pas seulement une toile de fond. Il faut comprendre à quel point elle construit un type de personnalité, dynamique, ouvert sur des projets d'avenir. Les femmes sont dans une course permanente. Elles qui semblaient hier plus calmes que les hommes (on aurait même été tenté de définir cela comme une marque éternelle de la féminité) ont désormais des rythmes qui s'accélèrent. Elles font beaucoup de choses très vite, avec des gestes nerveux et efficaces. Les hommes, qui n'ont pas connu une telle trajectoire historique, et ne disposent donc pas du même réservoir d'énergie vitale, sont un peu étourdis et parfois fatigués par cette agitation, ils sont tentés de ralentir la cadence. Surtout en famille.

Dans l'univers du travail et des responsabilités publiques, la course des femmes bute sur des obstacles. Bien que des progrès importants aient été accomplis, nous sommes en effet encore assez loin de l'égalité, les hommes conservant des positions dominantes dans l'économie et la politique. Il en va tout autrement en ce qui concerne l'intime, les relations interpersonnelles et la famille. Ici, ce sont les femmes qui occupent les positions dominantes. Cette autorité nouvelle ne diminue cependant pas leur soif réformatrice, elles continuent à rêver, à innover, à vouloir avancer. Sans véritables obstacles à renverser, comme dans l'économie et la politique. Seulement l'apparente lenteur et mollesse des hommes. Gentils, mais décevants, pas à la hauteur des attentes. Les rêves, immenses, engendrent donc logiquement une déception. Le couple déçoit les femmes. Pas dans tous les couples bien sûr, et il ne déçoit pas d'une façon massive. Mais régulièrement émerge une petite désillusion lancinante qui peut rendre pénible le quotidien.

Vingt ans d'enquêtes

J'ai constaté cette désillusion discrète dans toutes mes enquêtes sur le couple, depuis plus de vingt ans, qu'elles portent sur la rencontre amoureuse, le premier matin, les petits agacements, le partage des tâches ménagères ou le simple fait de dormir à deux. Comme si jamais la réalité ne parvenait à être à la hauteur du rêve (alors que les hommes pour leur part s'en accommodent beaucoup plus facilement, ou s'investissent dans des passions personnelles pour résorber leur insatisfaction). Avant même que le couple se forme, dans la recherche du partenaire idéal, l'abîme qui sépare les femmes (pas toutes, mais une majorité très nette) et les hommes (pas tous non plus, mais une majorité très nette aussi) est patent.

J'avais notamment été surpris par l'incroyable résistance du mythe du prince charmant*. Certes les femmes que j'interrogeais ne croyaient pas qu'il puisse leur apparaître comme sortant d'un conte de fées. Mais ce scénario merveilleux leur était nécessaire pour visualiser leur idéal dans un imaginaire secret, confronté ensuite à la réalité des rencontres. D'une certaine manière pour tenter de forcer cette réalité, la rendre plus merveilleuse. Beau programme ! La conclusion de mes observations cependant était claire : plus le rêve était présent dans les pensées, plus les rencontres réelles s'avéraient décevantes. Un homme parfait, sinon rien.

Cécile m'avait ainsi raconté son bonheur de vivre en solo : « Je me dis que je l'ai échappé belle de ne pas me trouver coincée dans l'horreur ménagère d'une petite vie avec un petit mari dans une petite maison ; la mort à petit feu. Moi j'avais toujours ces rêves, de liberté, d'écriture, de cinéma. Bon ça n'a pas encore débouché de façon grandiose mais ma vie est palpitante, pour rien au monde je n'en changerais. Des discussions

* *La femme seule et le Prince charmant,* Armand Colin, réédition 2015.

à n'en plus finir avec mes amis où je refais le monde, des nuits peuplées d'autres types de rencontre, des matins toujours pleins de promesses : dans quoi vais-je mordre aujourd'hui pour réussir quelque chose de bien ? J'ai une faim d'avenir qui n'en finit pas. » Marlène n'a pas de tels projets d'écriture ou de cinéma. Elle n'en est pas moins entrée elle aussi dans une trajectoire d'autonomie radicale. Parfaitement heureuse, très indépendante matériellement (la plomberie n'a pour elle aucun secret), investie dans son travail de cadre, elle a par ailleurs de larges réseaux d'amis et une vie associative intense. Présidente d'un club (masculin) de football, elle est devenue localement un véritable personnage. Et les hommes ? Elle est trop active et sûre d'elle pour qu'ils parviennent à s'installer dans sa vie : « Plus de 48 heures, je ne sais plus gérer. » D'autant que ses exigences sont très élevées. « Donc si je dois vivre avec quelqu'un, il faut qu'il amène vraiment un plus. Bon, c'est pas évident ! Je refuse la médiocrité, c'est tout ou rien, je veux vivre mes rêves. »

Une insatisfaction lancinante

Rares sont cependant les femmes qui maintiennent une telle position radicale toute leur vie. Le désir d'amour est trop fort, l'envie d'avoir des enfants et de fonder une famille, sans compter la pression normative, dont nous avons vu la force au chapitre précédent, et qui pousse un jour à se lancer dans une expérience conjugale. Les témoignages ont bien illustré ce qui se passe ensuite, l'obstination à continuer coûte que coûte, malgré la déception. Cet écart entre rêve et réalité génère une insatisfaction rampante et amplifie les agacements, qui sont massivement du côté féminin, car les femmes ont des manières de faire plus exigeantes que celles des hommes et ce sont elles qui ressentent davantage la déception*. Les hommes ne sont pas à la hauteur, presque jamais, dans tous les domaines. Concernant la tenue de la maison (ils laissent traîner leurs affaires), la dynamique relationnelle (ils n'aiment guère les confidences sur l'oreiller), l'éducation des enfants (ils sont incapables d'assumer une position d'autorité).

Écoutez Virginie, très énervée, qui livre ses récriminations : « Nous avons trois enfants, et j'ai vraiment l'impression d'en avoir un quatrième pour moi toute seule. La chose qui m'agace le plus chez lui, c'est son immaturité et je crois qu'il s'agit vraiment de la source du problème. En quelques exemples en vrac cela donne :

– L'inattention permanente : je lui parle, il ne m'entend pas ou répond deux minutes après par un "hum ?".

* Jean-Claude Kaufmann, *Agacements*, Armand Colin, 2015 (2e éd.).

– Les fameuses chaussettes sales dans tous les coins de la maison.

– Je lui demande de faire les courses (il les fait, c'est déjà bien), je lui fais une liste détaillée (quel rayon, quelle marque, pour limiter les dégâts) : en moyenne, un quart des courses est à ramener ou à échanger à chaque fois.

– Quand je lui fais des reproches, il ne se défend pas, il me dit, textuellement : "C'est vrai, tu as raison." AAHHRRRRR ! Je n'en peux plus de cette phrase ! J'aimerais bien avoir tort de temps en temps.

– Il ne sait jamais quoi m'offrir. Comme il ne m'écoute pas, il ne connaît ni mes besoins, ni mes envies. »

Les exemples sont effectivement un peu « en vrac ». Tout se mélange : l'inattention conjugale, le désengagement, le refus de faire face, le manque de compétence. Mais ce qui agace le plus Virginie est bien ce qu'elle appelle son « immaturité », l'impression d'avoir affaire à un enfant. La façon dont elle parle des listes de courses est caractéristique : on pourrait croire qu'elle s'adresse à son fils, qu'elle cherche à l'éduquer. Hélas, son mari ne grandit jamais ; les hommes ne parviennent pas à être à la hauteur.

L'homme qui ne sait pas faire

La déception se nourrit de mille détails, très divers. Prenez les tâches ménagères : l'inégalité de leur prise en charge reste très forte aujourd'hui. Beaucoup de femmes souhaiteraient que leur homme en fasse davantage. Mais quand il fait, il fait « mal », de travers, trop tard, pas à leur idée. La mécanique à reproduire l'inégalité du partage s'alimente à la fois d'un long passé, qui a sédimenté dans les automatismes corporels une mémoire à évolution très lente (les femmes ne touchent pas le linge comme les hommes*), et du jeu de rôles actuel dans le couple, qui incite toujours les femmes à en faire plus. Résultat, les femmes sont doublement agacées, contre leur partenaire et contre elles-mêmes. Les gestes du ménage, qui quantitativement constituent une part non négligeable de l'existence, ne s'effectuent donc pas dans la sérénité (on ne peut pas demander qu'elles s'effectuent dans la joie, mais au moins dans une neutralité sereine) et provoquent toute une myriade de sensations négatives. L'ordinaire du quotidien génère facilement de l'insatisfaction. Les moments plus intimes également.

Prenez le lit, ce haut lieu symbolique de l'unité conjugale. Les femmes, grandes demandeuses de davantage

* Jean-Claude Kaufmann, *La Trame conjugale*, Armand Colin, 2014 (2e éd.).

d'échanges intimes dans le couple, changent étonnamment d'avis quand cette intimité partagée ne leur convient plus ; ce sont elles qui rêvent de plus d'espace personnel, voire d'une chambre à elles*. Pour mille raisons, mille petites déceptions, l'envie de mieux dormir, le corps du conjoint devenu moins séduisant dans l'ordinaire de la nuit, la volonté de maîtriser ses désirs. « Je n'ai rien contre le sexe, dit Marianne, mais j'ai l'impression que c'est jamais au bon moment, jamais de la bonne manière. Monsieur se colle à moi et je sens (je le sens vraiment, croyez-moi !) qu'il faut que je m'exécute dans la minute. Alors que moi, j'étais bien, je n'avais rien demandé. C'est à des moments comme cela que je me dis qu'une chambre séparée, ce serait pas mal. » Les femmes sont les pivots des familles, elles souhaiteraient plus d'engagement, plus de communication dans le couple. Mais ce sont elles aussi qui décident de divorcer, ou qui veulent faire chambre à part.

Des femmes autonomes

Ce dernier détail est révélateur du changement qui s'esquisse. Très rarement en effet les femmes ont été des tenantes de l'autonomie personnelle dans le couple, spécialité masculine depuis des siècles. Au

* Jean-Claude Kaufmann, *Un lit pour deux*, *op. cit.*

contraire elles se donnaient corps et âme, sans compter, totalement, pour que le couple fonctionne, que les enfants soient heureux, que la famille existe. Or les signes indiquant un désir d'affirmer une autonomie nouvelle se multiplient, et quand ce désir ne parvient pas à se réaliser, le maintien de la situation, l'ordinaire du couple, engendre de la déception, potentiellement explosive. La déception ne vient pas toujours, pas uniquement, du mari, elle vient aussi de ce déchirement, de cette très grande difficulté à pousser le mouvement plus avant. Les femmes s'inscrivent dans une profonde dynamique historique qui les pousse à affirmer davantage leur autonomie, sans que cela puisse se réaliser pleinement. Car elles restent, encore aujourd'hui, les pivots de la vie familiale. Voilà ce qui explique la souffrance si intense, le cri si violent des femmes qui se sentent piégées dans leur couple. Elles ne peuvent en sortir, c'est l'époque qui veut ça. Élise par exemple sent son cœur devenir léger quand une circonstance se présente (un déménagement, un nouvel emploi) lui permettant d'envisager enfin son envol. Hélas, après l'échec de ces tentatives, une souffrance de plomb retombe sur elle, d'autant plus écrasante que son scénario de fuite était crédible.

Une majorité de femmes s'inscrivent dans une identité déchirée entre deux injonctions contradictoires. Plus elles sont amoureusement engagées dans leur couple et dans leur famille, plus le rêve d'autonomie les fait souffrir quand elles ne parviennent pas à le réaliser. Alors, pourquoi ne pas oser une autonomie totale, couper radicalement avec l'identité féminine qui avait été construite depuis des siècles, faite de douceur et de don de soi, sinon de sacrifice, abandonner l'idée d'être le pivot de la famille, se comporter envers les hommes avec détachement et cynisme si nécessaire ? Certaines femmes y pensent sérieusement, et les expériences se multiplient en ce sens. Mais, bien que s'inscrivant dans le même mouvement historique profond, elles ne constituent pas vraiment une avant-garde, et je ne pense pas qu'elles annoncent ce que sera demain l'identité féminine. Car pour longtemps encore la plupart des femmes resteront prises dans leur dualité ; il serait trop dur d'abandonner tout l'amour qui a fait leur identité passée. Pour longtemps encore, beaucoup se sentiront donc les victimes du piège conjugal.

La montée en puissance des femmes explique le silence des hommes dans le couple, et l'impossible aboutissement de ce mouvement explique la souffrance des femmes. N'oublions jamais toutefois qu'il n'y a pas deux histoires qui se ressemblent, que chaque cas est particulier, qu'il existe aussi des hommes qui crient et des femmes qui se taisent. La généralisation a pour seule vertu de donner une clé explicative, très utile, mais qui ne doit pas dériver vers une naturalisation des catégories. Pour nous en prémunir, il est grand temps de plonger à nouveau dans la chair du concret. Il est grand temps d'écouter les hommes.

Des hommes se plaignent

Les hommes parlent dans certaines circonstances. Le silence s'abat surtout dès que s'installe la vie à deux, leur tactique de défense étant alors l'esquive : ils ont peur que toute prise de parole remette au contraire les questions sur le tapis. Avant que le couple se forme par contre, dans la drague ou la recherche d'un partenaire pour la vie, ils s'expriment bien davantage. Surtout pour se plaindre de certaines attitudes féminines déconcertantes, venant justement de ces femmes qui veulent rompre avec les attributs anciens de la féminité pour imposer leur liberté. Voyez Pierre, qui m'envoie ce message : « Faute d'avoir trouvé comment vous faire part de mes... interrogations existentielles, je parasite votre enquête et vous prie de m'en excuser. Sexagénaire et presque septuagénaire, arrivé à Marseille depuis peu, j'ai recherché sur Meetic une compagne de... mon âge. Quelle ne fut pas ma surprise de me trouver confronté à un nombre incalculable de demandes du genre : "FEMME 65 ANS RECHERCHE HOMME 45-50 ANS." Le jeunisme, que je croyais réservé à de vieux messieurs doutant de leur virilité, s'était mis à frapper les dames!!!!! Fini le temps du “monsieur bien” du *Chasseur français*, vive le fringant quadra! »

Bien que l’écart d’âge n’évolue guère dans les couples (les hommes sont en moyenne de deux ans plus âgés), le désir est en train de fortement s’installer chez nombre de femmes mûres non seulement de rompre avec ce stéréotype, mais de généraliser ce que certains appellent la tendance « cougar », consistant à choisir un partenaire beaucoup plus jeune (comme le font les hommes depuis longtemps dans leurs secondes amours). Je ne compte plus le nombre de demandes d’interview sur ce thème de la part de journalistes femmes ayant dépassé la trentaine. Pourquoi en effet les femmes n’auraient-elles pas le droit de faire ce que font les hommes? L’inégalité entre les genres reste frappante en certains domaines. Le partage des tâches ménagères bien sûr. Mais aussi tout ce qui touche à la sexualité. Alors que les hommes ont le droit de multiplier les conquêtes d’un soir, il n’en va toujours pas de même pour les femmes. L’enquête que j’ai menée sur le sujet* révèle avec netteté le double discours ambiant: au-delà de la liberté de surface (« les femmes ont bien le droit aussi »), très vite une mauvaise réputation stigmatise les conduites considérées comme déviantes.

* Jean-Claude Kaufmann, *Sex@mour*, Armand Colin, 2010.

Le désarroi des hommes gentils

Cet état de fait est intolérable pour un petit groupe d'audacieuses revendiquant le droit d'assumer leurs plaisirs en totale liberté. De séparer sexe et sentiment, de rejeter l'objet du désir après consommation, de vivre la sexualité tel un loisir comme les autres. Et surtout de choisir pour cela des hommes qui font vibrer, affichant ostensiblement leur virilité, avec éventuellement un zeste de machisme. Ce qui n'est pas sans interroger. Ninon se pose des questions sur sa conduite. Pourquoi préfère-t-elle « les bad boys aux gentils garçons » ? Pour essayer de comprendre, elle en a discuté avec une amie en prenant l'exemple de Ludovic, un « garçon charmant », « hautement romantique » et même « super mignon », mais à qui hélas il « manque un truc ». Elles discutent et discutent, puis finissent par se mettre d'accord. « En fait, ce "mais", c'est qu'il est trop gentil, un comble ! Sortir avec un garçon sympa, c'est être sûre d'avoir de suite un prince charmant serviable et dévoué à notre personne. C'est bien, mais pas drôle. » Elle préfère donc « quelqu'un capable de parler sexe crûment et de jouer les misogynes gentiment ».

En face, chez les hommes gentils, le désarroi et l'incompréhension sont immenses. Sèchement rejetés alors qu'ils n'entendent que du bien de leurs comportements tendres et généreux. Jérôme se dit écœuré par la duplicité féminine : « On connaît tous le fameux dialogue féminin, celui que l'on écoute (au début), celui que l'on pense vrai, sincère, celui qui va nous révéler le plus grand mystère de l'être humain (côté masculin) : que veulent les femmes ? Au début de notre vie sentimentale, on entend un discours se rapprochant à peu près de celui-ci : "Je veux un garçon gentil, adorable, qu'il soit serviable, qu'il ne se fâche pas, qu'il soit tendre et attentionné, je ne veux pas d'un macho dragueur", etc. Tout homme a déjà eu ce discours porté à ses oreilles. Tout homme a aussi été étonné, surpris, de voir que des "connards" ou autres mecs du genre chiants dans le domaine relationnel étaient toujours accompagnés et, pire encore, arrivaient à draguer et "conclure" avec une demoiselle qui avait le discours précédemment cité. Là, le débutant se posera plein de questions : comment ? pourquoi ? par quelle magie un mec aussi "connard", "chiant", "macho" arrive à avoir ce qu'il veut, et surtout pourquoi les demoiselles sont avec lui sachant que peu de temps après elles se retrouveront seules et qu'on les entendra se plaindre à tout-va que c'était un salaud, etc. ? Alors qu'il y avait un "mec gentil" tout près d'elles. »

Les hommes ne sont plus ce qu'ils étaient

La gentillesse n'est pas un caractère psychologique qui apparaît au hasard. Elle témoigne de la nouvelle position masculine dans le paysage familial, qui leur permet d'exprimer la puissance de leur potentiel amoureux. Au cœur de l'agapè domestique, fondatrice du petit monde de douceur. Par des mots, des gestes qui installent une ambiance de communion ludique. Car cette gentillesse prend très vite une connotation humoristique chez les hommes. Ils sont devenus des sortes d'idéologues de la décontraction et les rois de l'humour familial, développant une philosophie de l'existence centrée sur la quête des petits plaisirs. Ils font rire et souhaitent ne pas se « prendre la tête », craignant que leur femme au contraire ne leur soumette une question d'importance ou un problème à résoudre. Cette femme, justement, ne comprend pas trop ce qui lui arrive, elle a du mal à identifier ce nouvel homme qu'elle ne reconnaît plus. Dans ses pensées, il devrait garder quelque chose de sa stature ancienne. Il était, il y a longtemps certes, le patriarche, le porteur de l'autorité, celui qui sait décider, qui rassure et fait peur aux enfants quand ils doivent être punis. Il conserve quelques zones de pouvoir pour assurer son confort personnel : c'est lui qui tient la télécommande de la télé. Mais, en dehors de cela, il semble s'être métamorphosé soudain en son exact contraire (dans la vie familiale, car en politique ou dans les entreprises il reste aux commandes), un lutin ludique insouciant et irresponsable, gentil mais effacé quand il ne s'agit pas de s'amuser, refusant les conflits et esquivant les discussions qui pourraient rompre la belle ambiance et le calme de l'instant.

L'évolution que nous sommes en train de vivre est très étonnante. Ce sont les femmes qui historiquement avaient installé le nouveau monde de l'agapè domestique, se donnant corps et âme pour la famille et créant les conditions de ces univers de douceur et de tendresse. Ce sont encore elles aujourd'hui qui sont les pivots sans lesquels tout cela ne serait pas possible, elles qui font l'essentiel des tâches ménagères et assurent les solidarités familiales, elles qui soignent quand un proche est souffrant. Mais, peut-être parce qu'elles font tant de choses, elles voient mal qu'un nouvel homme cherche à trouver sa place, à sa manière, dans le petit monde amoureux. Une manière discrète, silencieuse, peu assurée, s'enracinant toutefois, pour le meilleur et pour le pire, dans l'inconditionnalité. Pour le meilleur quand il réussit, est reconnu dans son action et sait être le créateur de bulles de bien-être et de plaisir. Pour le pire quand il n'y parvient pas, se murant alors très souvent dans le silence, devenant une sorte de fantôme qui s'accroche malgré tout à ce qui est, dans l'espoir vain que l'avenir pourra devenir meilleur. Nous avons vu cela à travers ces cris de femmes exaspérées par le mystère de ces hommes disparaissant en eux-mêmes.

Retenons toutefois une chose : quand tout pour eux s'évapore, qu'ils ne se sentent même plus vivre réellement, reste l'attachement inconditionnel à leur petit monde amoureux. On pourra contester cette conclusion, dire qu'ils continuent surtout par habitude, par peur de l'inconnu. Mais les témoignages ont montré, parfois au travers de la violence masculine, des harcèlements et des chantages, qu'ils ne se sentent souvent jamais autant amoureux qu'au moment où leur femme parle de partir. Ils seraient perdus sans leur famille, comme le seraient des enfants. Les enfants restent attachés à leur famille, qu'elle soit merveilleuse ou terrible. Et on n'abandonne pas son enfant, même quand il déçoit. Or il s'agit d'une des mutations les plus surprenantes des dernières décennies : les hommes sont devenus des sortes d'enfants dans les familles. Je l'avais repéré avec netteté dans mon enquête sur les agacements conjugaux.

Les hommes-enfants

L'enfance se caractérise par l'immaturité, mais aussi par les traits positifs attachés à cet état : l'insouciance, la joie, le jeu. Au cœur des agacements conjugaux fondant un jeu de rôles contraires, mon enquête avait montré que l'opposition responsabilité/décontraction, ou esprit de sérieux/quête des plaisirs, etc., était centrale. À un pôle garant de la bonne marche des affaires domestiques et de la vigilance s'opposait un pôle de l'insouciance et du bonheur de vivre dans l'instant. Opposition nécessaire rendant plus efficace le fonctionnement conjugal, mais qui a cependant l'inconvénient de durcir les clivages et les traits de personnalité de celui ou celle qui endosse chacun des deux rôles. Or les femmes se retrouvent massivement d'un côté et les hommes de l'autre.

Exemple : la propension des hommes à jouer beaucoup plus que les femmes, comme le font les enfants et les adolescents, avec des ballons, des écrans… Certes, les études statistiques montrent qu'ils ont plus de loisirs. Mais, à temps constant, ils jouent quand même davantage. Plus significatif encore : l'usage des plaisanteries et de l'ironie (il s'agit d'ailleurs d'une des tactiques masculines privilégiées pour esquiver les discussions sur de grandes questions). Souvent, face aux enfants, les parents introduisent avec sérieux un motif de récrimination ou de négociation ; et les enfants tentent des diversions humoristiques. Or la relation est identique entre mari et femme. Il arrive même que la mère de famille, seule dans le camp du sérieux et de la responsabilité, se trouve confrontée à une alliance des drôles réunissant père et enfants. Les hommes se sentent proches des enfants à tous les âges, mais spécialement à l'adolescence, et cela n'est pas surprenant, car ils restent plus longtemps des adolescents tardifs. Alors que les jeunes hommes reportent de plus en plus leurs engagements familiaux pour vivre au maximum le temps particulier de la jeunesse, les femmes, qui agissent de même au début, sont limitées dans ce mouvement par la prise en compte anticipée de la limite d'âge pour avoir un enfant. Elles sont contraintes bien plus tôt de quitter le monde de la jeunesse pour s'engager en famille. Les hommes ne sont pas soumis à cette urgence biologique et peuvent prolonger leur manière d'être insouciante plus longtemps.

Des Peter Pan par millions

Le fait que le livre de Dan Kiley, *Le Syndrome de Peter Pan*, ait eu autant d'écho est un indice supplémentaire que quelque chose se trame actuellement en ce sens dans les profondeurs du social. L'ouvrage souffre pourtant de nombreuses limites. Il se focalise sur un profil psychologique pathologique dominé par l'angoisse, le refus de la réalité et la difficulté à établir des relations sociales. Ce type de personnalité existe sans doute, mais le comportement masculin dont il est question ici n'a rien de pathologique et est infiniment plus large. Les hommes-enfants n'ont d'ailleurs souvent aucune difficulté à établir des liens, au contraire, notamment à travers le jeu ou le sport. Pas de difficultés non plus pour établir des liens avec leurs enfants. Ils sont même capables de nouer des complicités étonnantes, affectives et ludiques. On a beaucoup parlé, à juste titre, des nouveaux pères. Le bouleversement est effectivement considérable, en l'espace de quelques dizaines d'années, inscrit dans une mutation profonde du masculin. Changement d'autant plus frappant que l'évolution n'a pas été la même concernant l'aspect matériel des tâches domestiques. Les hommes, presque autant seconds rôles qu'autrefois pour le ménage ou la cuisine, sont désormais très proches de leurs enfants, intimement complices. D'où d'ailleurs leur désarroi et leur incompréhension quand ils en sont séparés par décision de justice après un divorce.

Au regard de l'histoire, cet apparent renversement d'alliance est pour le moins étonnant. Face à l'univers masculin dominant, les femmes ont en effet toujours été rangées du côté des enfants. Par leur proximité physique, effet d'une fonction d'élevage centrée sur les mères. Et parce qu'elles ont longtemps été considérées comme des mineures par les hommes au pouvoir. Alors, serions-nous actuellement les témoins d'une véritable inversion historique ? Non. Malgré les progrès accomplis, les hommes occupent encore les positions dominantes dans nombre de secteurs-clés (économique, politique) de la société. Ils conservent également un part de leur pouvoir ancien à l'intérieur de la famille en pesant sur les grandes décisions ou en se réservant un statut plus confortable. Quant aux femmes, elles continuent à établir des liens privilégiés avec les enfants. Leur engagement en première ligne sur les questions familiales les constitue en pivots structurants, notamment quand le couple se fragilise. Face à la précarité conjugale grandissante, il est même probable que cette fonction soit actuellement en train de se renforcer.

La montée des attitudes masculines enfantines dans la famille est donc à voir comme un phénomène important (et surprenant), mais circonscrit. Les hommes ne redeviennent enfants que dans des contextes et à des moments particuliers, se laissant glisser un temps dans ce laisser-aller régressif vécu souvent comme compensatoire d'un investissement lourd dans l'univers du travail. Les femmes commencent à s'énerver quand leur Peter Pan dépasse les limites et tarde à sortir de ses bulles enfantines. Elles s'énervent aussi lorsque, bien que tenantes de l'égalité, elles continuent à rêver en secret à un homme supérieur qui les guide et les protège en tout. Elles s'énervent enfin quand leur homme, à peine sorti de ses bulles régressives, se permet de prendre des attitudes machistes dignes du bon vieux temps. Enfant et macho à la fois, cela arrive hélas. Mais cette configuration particulière ne doit pas masquer comment, de façon souvent maladroite et tâtonnante, les hommes cherchent à enrichir à leur manière l'agapè domestique, à y tenir toute leur place. Et à s'y accrocher coûte que coûte quand une séparation menace.

4
Antonin

Un homme parle

Les hommes parlent aussi en d'autres circonstances, notamment après un divorce. Souvent ils ne comprennent pas ce qui leur arrive. Sincèrement engagés, à leur manière, dans l'agapè domestique, ayant logiquement une forte complicité avec leurs enfants (puisqu'ils restent un peu enfants eux-mêmes dans le couple), il n'est pas rare en effet qu'ils soient plus ou moins mis à l'écart, considérés comme des éléments sinon négligeables, du moins périphériques. Si la séparation est très conflictuelle et l'incompréhension mutuelle à son comble, leur souffrance peut alors être terrible et libérer l'envie de s'exprimer. Il y aurait là matière à tout un livre, mais c'est un autre sujet. Car ce qui nous intéresse ici est le couple qui fonctionne encore, même s'il fonctionne mal. Et, dans ce contexte particulier, les hommes ne parlent pas ou très peu, ils s'enfoncent dans le silence.

J'aurais pu coller les bribes de propos divers que j'ai accumulées tout au long de l'enquête. Trop disparates et souvent superficielles (on me répondait pour me faire plaisir, mais sans dire grand-chose de sincère ni de profond), elles auraient risqué de ne guère nous aider à la compréhension de ce qui se cache au-delà du silence. Mieux valait m'appuyer sur un seul témoignage, puisque j'en avais un à ma disposition et qu'un homme avait pris le temps de tout me raconter avec précision, essayant de se comprendre lui-même au travers de ce récit détaillé. Comme Nina et Élise dans le chapitre précédent. La différence étant qu'ici je vais m'appuyer sur cet unique récit. Il sera donc encore plus important d'avoir en tête qu'il ne peut être représentatif. L'histoire d'Antonin à elle seule ne peut rendre compte du silence des hommes ; c'est un cas particulier. Mais c'est en plongeant dans l'épaisseur d'un tel témoignage que l'on peut comprendre bien des choses. De la même manière que dans le chapitre sur le cri des femmes, mes explications seront limitées. Car, après avoir formulé dans les pages qui précèdent bien des hypothèses imprudentes, des théories tranchées et des généralisations sur le masculin et le féminin, je préfère laisser au lecteur le soin de formuler ses propres interprétations, en s'imprégnant du récit.

Voici donc l'histoire d'Antonin.

Il avait lu mon livre sur le *Premier matin*, et c'est d'abord ce moment très particulier dans toute vie de couple qu'il voulut me raconter. Il se souvient très bien de son trouble quand Laurie avait insisté au moment de se séparer, elle avait même parlé d'apporter certaines de ses affaires. « Elle sentait que ça aurait pu se terminer comme ça, que pour moi c'était une affaire d'un soir. C'est vrai que j'avais très peur que cela puisse m'entraîner, je n'étais pas prêt à ça, pas du tout. » Il avait sa vie, il y tenait, angoissé à l'idée des bouleversements que pourrait engendrer une vie de couple. « Je n'ai pas voulu m'opposer à elle, lui faire de la peine, je me suis dit qu'il n'y avait aucun risque à essayer de continuer un peu, pour voir, comme au poker. Je me suis même dit, mais là c'était sans doute une erreur, que ce serait une manière de voir ce que cela faisait de vivre en couple pour de vrai. » À 28 ans, multipliant les brèves aventures ou les histoires à distance, il n'avait jamais cohabité avec une femme. Il se disait qu'un jour il faudrait bien que lui aussi s'installe dans la vie familiale, qu'il abandonne l'insouciance de sa jeunesse. Et il aimait bien Laurie.

Mais les débuts avaient été beaucoup trop rapides pour lui. Elle ne s'était pas contentée d'apporter sa brosse à dents ; en quelques semaines elle avait investi la salle de bains, la cuisine et les placards, et elle était déjà comme chez elle. Antonin se sentit assiégé, menacé, et organisa ses îlots de résistance, qui lui permettaient de se retrouver lui-même, tel qu'autrefois. Les sorties avec ses vieux copains, qu'il refusa d'abandonner malgré les plaintes de Laurie, les longues heures passées à des jeux en ligne. Et puis il y avait son travail, qui l'obligeait à vivre dans une autre ville la moitié de la semaine. « J'avais regroupé mes interventions du mardi au vendredi. En fait j'aurais pu réussir à regrouper davantage et à rentrer le jeudi soir. Mais dès le début j'avais besoin de cette prise de distance, et ça ne s'est pas arrangé par la suite. »

La demande en mariage

Ce qui se passa alors dans la tête d'Antonin est passionnant à analyser. Il menait ses deux vies de front (en solo dans la ville du travail, en couple autour du week-end) et pouvait comparer. Pour lui qui souhaitait expérimenter la vie conjugale, faire un test, la situation aurait donc pu sembler parfaite. Sauf que le résultat n'était guère concluant. La vie avec Laurie n'était pas toujours agréable. Car elle le critiquait sans cesse, se plaignant qu'il ne fasse pas davantage attention à elle, qu'il la laisse seule quand il sortait avec ses copains ou jouait au poker sur son ordinateur. « Je me suis dit que c'est elle qui avait raison, que si je vivais en couple c'était pour vivre en couple, que je ne pouvais pas continuer comme ça. Cela m'a fichu un sacré coup, comme si c'était la fin d'une époque, des plaisirs, de la jeunesse. J'ai broyé du noir, c'était douloureux, mais je me suis dit qu'il fallait que je coupe les amarres, que je me lance pour de bon. »

Hélas, il ne voit pas comment faire. Tel un drogué qui ne peut se passer de sa dose, il n'imagine pas comment il pourrait un jour dire à ses copains qu'il ne veut plus les voir ou comment il pourrait arrêter de jouer au poker. « Je me suis dit qu'il me fallait un truc qui me pousse aux fesses. Je ne sais pas pourquoi l'idée m'est venue un jour, je me suis dit que c'est un mariage qui résoudrait la difficulté. Je me voyais en marié, en homme marié, et je trouvais ça très bien, c'était le truc qui me ferait changer de vie. Et je me disais que Laurie n'en reviendrait pas quand je lui annoncerais ça. »

Elle n'en revint pas, en effet. Mais sa réaction fut bien éloignée de ce qu'avait imaginé Antonin. Elle rit, s'esclaffa, se moqua de lui ! Le traita d'ado boutonneux, lui dit qu'il fallait d'abord qu'il arrête avec ses copains et son poker avant de pouvoir tenir un jour des propos d'adulte. « Elle m'avait mis la pression pour qu'on s'installe ensemble et maintenant elle donnait un grand coup de frein, je n'y comprenais plus rien.» Laurie haussa le ton, elle lui parla très fort, sèchement, presque en colère. Antonin eut pourtant l'impression que son propos n'était pas clair. Peut-être même que ces cris venaient d'un désir de conjurer une indécision, un trouble intérieur: n'aurait-elle pas parlé fort pour se convaincre qu'elle avait raison? Était-elle très attachée à lui ou sur la réserve, prête à le critiquer au moindre prétexte, prête à s'en aller? «J'ai essayé de savoir ce qu'elle avait dans la tête, ce n'était pas facile, je crois qu'elle voulait tout et son contraire, il y a quelque chose chez moi qui l'agaçait mais elle s'accrochait à moi.»

Chloé

Le hasard des rencontres n'est jamais seulement du hasard, il faut toujours être prédisposé à la rencontre pour qu'elle ait vraiment lieu. Sinon il ne se passe rien. L'essentiel est en soi. Sans ce malaise intérieur d'Antonin, je suis sûr que son chemin aurait croisé celui de Chloé sans que rien ne se passe. Elle travaillait avec lui, dans l'autre ville, elle avait lancé une plaisanterie à double sens, il avait aussitôt répondu, les engageant tous deux dans une sorte de défi sensuel et bientôt érotique. «Tout a été incroyablement vite, c'était simple, joyeux, léger. Elle était très jeune, elle riait comme une gamine, cela me faisait un bien fou. » Leur liaison dura quelques semaines. Antonin m'explique que cela lui avait permis de faire le point, de comparer encore mieux ses deux vies. À vrai dire, j'ai un peu de mal à le suivre sur ce terrain. Car il ne cesse de m'expliquer combien il était heureux avec Chloé, combien cela contrastait avec les incompréhensions et les tensions de ses échanges avec Laurie. Pourtant il décida de mettre fin à cette brève aventure en se disant qu'il devait persévérer avec Laurie. Tout se passait comme s'il voulait se convaincre que la vie conjugale était un sacrifice, assez pénible à vivre, mais nécessaire pour entrer dans la vie adulte, qu'il devait se forcer, accepter la tristesse, abandonner les plaisirs de la jeunesse. Chloé avait été une dernière respiration, un jeu d'enfants sans conséquences qui lui avait permis de faire le deuil. Un peu comme on enterre sa vie de garçon avant un mariage.

Le mariage, justement, parlons-en. Après l'épisode de la demande infortunée, il ne s'était rien passé pendant deux ou trois mois, ils n'en avaient plus parlé. Jusqu'à un dimanche midi, lors d'un repas de famille, chez les parents de Laurie. Antonin les aime bien, c'est un beau couple à l'ancienne, doux et complice, il se sent très à l'aise chez eux, presque comme s'il était l'enfant de la famille. « C'est très bizarre parce que je suis presque mieux à ma place que Laurie. Je ne le fais pas exprès, je n'en rajoute pas, je me sens vraiment bien chez eux, j'adore. Sa maman en plus est une incroyable cuisinière, j'adore. Mais Laurie par contre elle est électrique dès qu'elle est là-bas. Elle est souvent électrique il faut dire. Mais là-bas c'est quand même bizarre, c'est ses parents.» Je ne suis pas en possession de toutes les pièces du puzzle familial, je n'ai jamais interrogé Laurie. Mais il semble bien qu'il y ait un petit problème de comparaison avec sa sœur, ce qui n'est pas rare dans les fratries, venu peut-être de l'enfance. Beaucoup de petits garçons et de petites filles ont l'impression que leur frère ou leur sœur reçoit plus d'amour qu'eux-mêmes, plus de considération des parents. Le moindre compliment qui lui est adressé est perçu comme une comparaison dépréciative (puisque lui ou elle fait bien, c'est qu'ils pensent que moi je fais mal).

Le coup de tonnerre

Le repas était en avril, et la sœur aînée de Laurie préparait son mariage pour le mois de juin. Sa mère était tout excitée et ne cessait de parler de l'événement avec passion. À un moment, elle se rendit compte que Laurie ne lui répondait plus, visage dur, silence glacial. «Elle a dit quelque chose du genre: "Oh, vous, vous avez le temps." Elle voulait rétablir l'équilibre, ne pas blesser sa fille.» La surprise, pour tout le monde (Antonin compris), fut la réponse de Laurie, immédiate, coup de tonnerre: «Eh bien, il va peut-être y avoir bientôt une surprise!» Et elle refusa de s'exprimer davantage.

Pourquoi avait-elle dit cela? Pourquoi évoquer (à demi-mot) ce mariage dont elle s'était moquée quand Antonin en avait lancé l'idée? Ses mots avaient-ils été plus rapides que sa pensée, avait-elle lancé cette phrase par pure jalousie, telle une petite fille cherchant à se valoriser sous le regard de ses parents? Antonin avait hâte d'être dans la voiture, sur le chemin du retour, pour obtenir des explications. Il n'en eut aucune, Laurie s'était enfermée dans son silence. Les femmes aussi peuvent donc en faire usage. Les vingt minutes du trajet s'écoulèrent sans qu'un mot soit échangé! L'atmosphère était devenue pesante, énigmatique et pesante. Je demande à Antonin s'il avait insisté auprès de Laurie pour qu'elle s'explique. «Je n'ai pas dit un mot non plus, personne n'a dit un mot, il n'y avait plus moyen de briser ce silence. J'étais silencieusement très en colère, elle n'avait pas à me sortir un coup comme ça et après ne rien dire. À ce moment-là, j'ai commencé à me demander si je ne faisais pas une énorme connerie de continuer avec Laurie.» Antonin n'avait pas réussi à briser le silence, mais au bout d'un moment ce silence finit par l'arranger, car il lui permettait de réfléchir : et si s'engager avec Laurie était une erreur ? Le fait que rien ne soit facile avec elle n'était-il pas un signe ?

Sa réflexion ne dura pas longtemps ; après quelques jours, cette désagréable péripétie fut oubliée. Les parents, qui avaient perçu la tension sous-jacente, n'avaient pas posé de questions. Et leur vie de couple reprit cahin-caha, sans grandes discussions, réglée par ses routines. Antonin fit un nouvel examen de conscience et en conclut qu'il était peut-être responsable si cela n'allait pas mieux entre eux. Il ne pensait pas à l'aventure avec Chloé (pour lui sans importance et qu'il voulait oublier) mais à ce qu'il appelle ses « trucs perso ». « C'est vrai que j'avais gardé plein de trucs perso, les potes, les soirées arrosées avec les copains, ou pour se faire un bon match (on a joué ensemble autrefois, et on est restés copains depuis). » Il se sépara assez brutalement de ses vieux amis, ne les voyant plus que rarement. Il essaya également d'introduire du plaisir dans leur triste maison, en lançant des plaisanteries (pas toujours bien accueillies), et surtout en tentant d'installer un climat de douceur, illustrant parfaitement ce que j'ai dit de la manière particulière dont les hommes propagent l'agapè domestique.

Créer un petit monde d'amour

Car il trouvait qu'il y avait un fond de tension, une électricité légère mais permanente. «Et au moins dix gros reproches par jour. J'étais renvoyé à l'état de petit garçon toujours fautif, incompétent, malhabile.» Bien des hommes apportent leur pierre pour édifier l'agapè domestique, à leur façon faite de légèreté et d'humour. Le plus remarquable dans l'attitude d'Antonin est qu'il ne se contente pas d'ajouter une pierre, c'est lui qui est véritablement à la base de ce qui n'est d'ailleurs encore qu'un projet. Cette attitude aurait dû inciter Laurie à s'investir pour que leur petit monde devienne un monde d'amour. Au contraire elle resta en dehors, telle une observatrice extérieure, multipliant les railleries et les critiques.

Pourquoi Antonin n'avait-il pas demandé des explications, que se passait-il dans la tête de Laurie? Si elle était très insatisfaite de cette vie à deux qui commençait à prendre forme malgré tout, n'aurait-il pas été préférable qu'ils envisagent de se séparer? D'autant que lui n'était pas du tout satisfait non plus. Tous deux ruminaient leur mal-être en silence. Fatigué de faire tant d'efforts non récompensés, Antonin opéra un demi-tour complet sur la question de ses «temps perso», ne cherchant plus à les diminuer, au contraire. «Le dimanche matin, je pars pour un long entraînement en vélo. S'il ne pleut pas, je ne suis pas rentré pour midi. Et mes soirées, elles sont à moi, très tard le soir, je me couche après minuit, Laurie dort déjà.» Cet élargissement des «temps perso» lui permettait de calmer sa colère rentrée, sorte de compensation établissant un équilibre précaire.

Tout en comprenant cette attitude d'Antonin, et tout en sachant que le silence est une arme massivement employée par les hommes pour répondre aux tensions dans le couple, je suis quand même surpris que dans un conflit latent aussi long, avec au centre un autre silence, celui de Laurie, Antonin n'ait pas malgré tout cherché à se faire un peu violence pour obtenir quelques réponses. «Si, au début, j'ai vraiment essayé, c'était trop bizarre cette fameuse "surprise" qu'elle avait balancée devant ses parents. Qu'est-ce que ça voulait dire ? Moi je crois qu'elle a balancé ça et que tout de suite elle l'a regretté, c'est pour ça qu'elle ne voulait plus dire un mot, elle s'est dit qu'elle avait dit une connerie. Mais quand j'essayais d'en parler, ce n'était pas facile, et je ne faisais peut-être pas cela très bien, mais j'étais aussitôt renvoyé dans les cordes, et elle refermait le débat. Des fois elle levait la voix: "Po-po-po-pop!", c'était une façon de ne rien dire en levant la voix, je n'avais pas envie de crier encore plus fort.»

Avec beaucoup de sincérité, Antonin m'explique que, après ce premier temps d'essais infructueux pour faire parler Laurie, il s'était ensuite accommodé lui aussi du silence. Dans la grande tradition masculine de l'esquive, il évitait désormais toute conversation véritable, pour atténuer les tensions et conflits. Leurs échanges se résumaient à des propos fonctionnels ou à des conversations anodines comme on pourrait en avoir entre voisins, émaillées par quelques embellies. « Cela nous faisait du bien d'arriver à parler. On regardait un truc comique sur Youtube, on refaisait le gag, ça nous arrivait de rigoler ensemble, c'était assez incroyable de rigoler ensemble, cela nous faisait énormément de bien. »

Soudain, le drame

Cette drôle de vie conjugale sans éclat (et sans éclats) dura quatre mois. Jusqu'au mariage de la sœur de Laurie. Alors, alors seulement, le véritable drame éclata. Tout avait commencé la nuit précédente, Laurie ne parvenait pas à dormir, elle était très agitée, et soudain elle se mit à pleurer. Antonin lui demanda ce qui se passait. « Elle m'a crié "Rien !!", et est partie s'enfermer dans la salle de bains en claquant la porte très fort et en fermant à clé. Là j'ai paniqué, c'était vraiment très angoissant, je me demandais vraiment ce qu'elle avait dans la tête, j'ai vraiment pensé qu'elle pouvait avoir l'idée de se suicider. Elle n'en avait jamais parlé, mais d'un seul coup je me suis dit que c'était possible. Je me suis mis à crier, elle ne répondait rien. Alors j'ai cassé la porte, je ne l'ai pas vraiment cassée en fait, je l'ai ouverte assez facilement avec un pied-de-biche, en deux-trois coups, cela a peut-être duré trente secondes, elle ne disait rien, mais dès qu'elle s'est ouverte d'un seul coup, elle s'est mise à hurler. »

Des hurlements, et des explications, enfin. Mais terribles à entendre pour Antonin. « Elle m'a traité de tous les noms, d'incapable, de nul, elle m'a dit que je l'enfonçais dans une vie de merde, elle m'a dit qu'elle ne voulait pas finir comme ça. » Jamais Antonin n'aurait pu penser que le silence de Laurie cachait une telle haine à son égard. Cette violence verbale le frappait brutalement et de façon inattendue, il était abasourdi, anéanti. Il demanda calmement pourquoi elle ne lui avait pas dit cela plus tôt. « Elle s'est mise à crier encore plus fort, beaucoup de choses incompréhensibles sans queue ni tête, sauf que c'était de ma faute, que c'était impossible de parler avec moi. » Antonin marque des pauses pour calmer le jeu, prend une voix très douce, elle lui répond encore plus fort, elle ne l'écoute plus, elle hurle, elle l'injurie. « Elle a commencé à crier "Pauvre nul !", dès que je disais un mot elle me coupait et criait "Pauvre nul ! Pauvre nul !". » À un moment pourtant, elle répondit à l'une de ses questions. Il lui avait demandé pourquoi elle avait parlé de leur mariage à ses parents, la fameuse « surprise ». « Elle m'a dit que c'est moi qui en avais parlé le premier, que c'est moi qui avais lancé cette idée débile. Je lui ai dit que cela n'avait rien à voir, et qu'elle avait refusé, qu'elle s'était même moquée de moi, et puis que d'un seul coup elle avait balancé ça à ses parents sans m'en parler avant. Elle a recommencé à crier "Connard, connard, connard !", je ne pouvais plus dire un mot, elle criait "Connard, connard, connard !". »

« Je suis vide »

Le jour du mariage fut une épreuve horrible, tous deux tentèrent de sauver les apparences, sans y parvenir. Laurie avait les traits ravagés sous son maquillage et Antonin ne parvenait pas à sortir de son infinie tristesse. « On a vu dans le regard de tout le monde qu'ils avaient compris qu'il y avait quelque chose qui se passait. Je crois qu'il y en a qui pensaient déjà que notre couple était mort. » Peut-être, d'ailleurs, aurait-il été mieux pour tous les deux qu'il meure ce jour-là.

Car la suite est typique de la formation d'un piège conjugal, avec, ici, l'homme comme victime principale, utilisant certes les méthodes masculines habituelles (silences, esquives et prises de distance), mais piégé exactement de la même manière que les femmes que nous avons entendues au chapitre précédent.

Incapable de prendre une décision, attendant la suite dans le fol espoir que les relations s'amélioreront, atteint dans son estime de soi et perdant son énergie vitale. Cela fait près d'un an, depuis le mariage de la sœur, que leur vie continue ainsi, faite de cris, de silence, d'incompréhension et de haine rentrée. Laurie hurle de plus en plus, sans l'injurier comme cette fameuse nuit dans la salle de bains, mais avec des soupirs ou des bouts de mots qui veulent en dire long. Antonin a encore augmenté ses « temps perso », le dimanche il reste toute la journée dehors, même quand le temps est à la pluie. Il essaie toujours d'arrondir les angles et de pacifier leurs échanges, mais a abandonné l'idée d'introduire du rire et de la joie de vivre. Leur existence est triste, profondément triste. « L'ambiance est lugubre, c'est ce qui définit le mieux notre couple, on a tous les jours l'impression d'être à un enterrement. »

Le pire est dans le lit. Il avait tenté de douces approches caressantes. Elle l'avait repoussé fermement. Ils ne font plus l'amour, ils ne se touchent plus. Je lui demande s'il a eu d'autres aventures depuis Chloé, si l'idée lui traverse la tête. « Y penser, cela m'arrive, mais seulement y penser comme ça. Parce que j'en serais incapable aujourd'hui, je n'aurais même pas vraiment l'envie, je n'ai plus de jus, je suis vide, je suis beaucoup trop épuisé en dedans de moi. » Autre question : et partir, quitter Laurie ? « Il faudrait du jus aussi pour cela, je n'ai pas la force. Peut-être même qu'elle me fait un peu peur, elle crierait peut-être encore plus fort. Un jour je partirai, c'est sûr, il faut que j'en trouve la force. Mais normalement, ce devrait être à elle de partir, c'est elle qui crie si fort, qui dit que je lui donne une vie de merde. Merde à la fin ! C'est à elle de partir. Pourquoi ne part-elle pas ? Pourquoi elle ne part pas si je suis si nul ? »

Conclusion

Antonin s'enfonce dans le malheur parce qu'il ne parvient pas à rompre. Depuis le jour où son histoire avec Laurie a commencé, quelque chose l'entraîne, envers et contre tout. Car c'est aussi cela, l'amour, cet aveuglement obstiné, pour le meilleur et pour le pire. Mais n'oublions pas une chose : le grand problème du couple aujourd'hui est la difficulté de l'engagement, véritable maladie de notre époque qui valorise tant l'autonomie et la liberté personnelle. On a si peur de se perdre que l'on ose de moins en moins la vie à deux, le nombre de célibataires ne cessant d'augmenter. On rêve d'ajouter l'autre tout en restant soi, qu'il ne dérange pas. Et, à la moindre embrouille, on l'accuse d'être la cause de tout, trouvant là le prétexte pour retourner à la case solo. Bien des ruptures sont beaucoup trop rapides.

Il est d'autant plus étonnant de constater qu'existe également l'excès inverse quand se forme le piège conjugal, cette obstination à continuer coûte que coûte. Dans les années 1950, vivre toute sa vie avec le même partenaire, que cela plaise ou non, était la norme. De là vient d'ailleurs l'expression « pour le meilleur et pour le pire », qui désignait la force indestructible de l'engagement, permettant de dépasser les vicissitudes du quotidien. Une telle attitude, largement partagée par tous, créait une sagesse, une philosophie et un art de vivre, le côte-à-côte conjugal trouvait ses marques paisibles quand la passion s'éteignait. Nous ne sommes plus du tout dans la même époque aujourd'hui. L'injonction faite à chacun de trouver son bonheur incite au contraire à réfléchir à l'hypothèse d'autres vies possibles, à ne pas hésiter à rompre si l'on pense que l'on est en train de rater sa vie. Ici se situe la particularité du piège conjugal contemporain, prolongation d'un engagement qui a pourtant perdu toute signification et qui se situe à contre-courant de l'époque. La souffrance est d'autant plus intense que les victimes sont incomprises de leurs proches, en décalage avec les valeurs qui les environnent. La souffrance est d'autant plus intense que cette situation d'isolement anachronique ne les aide pas à se comprendre elles-mêmes. Elles ne trouvent pas les mots pour décrire ce qui les entraîne ainsi vers le malheur.

Le piège conjugal

Malgré cet anachronisme, le piège conjugal est un phénomène massif, touchant de nombreuses personnes, à tous les degrés de gravité bien sûr. Je ne parle pas du simple mal-être passager, des incompréhensions ordinaires, du regret pour une autre vie que l'on n'a pas eue, des agacements et petites prises de bec qui sont le lot commun de la plupart des couples. La vie à deux n'est jamais un long fleuve tranquille, elle a ses hauts et ses bas, l'amour reste toujours une matière très vivante.

Je n'ai pas développé non plus, ce qui aurait été envisageable, la version plus large des divorces impossibles, le plus souvent pour des causes matérielles (logement, salaire insuffisant), quand la souffrance et les crises sont modérées. Les conjoints sont alors devenus des sortes de colocataires continuant à vivre ensemble sans vraiment s'aimer. Ils souhaiteraient (ou l'un des deux) pouvoir se séparer sans y parvenir. Ils continuent leur route ensemble dans un entre-deux qui n'est ni le pire ni le meilleur. Claude Martin, Andrew Cherlin et Caitlin Cross-Barnet ont creusé cet entre-deux*. Leur étude souligne trois raisons

* Claude Martin *et al.*, « *Living Together Apart*: vivre ensemble séparés. Une comparaison France – États-Unis », *Population*, 2011/3, vol. 66, p. 647-669.

principales avancées pour expliquer cette situation particulière : des problèmes de logement souvent liés à des difficultés économiques (« autrement il serait à la rue ») ; une logique de « coparentalité » (rester ensemble pour élever les enfants) ; un moyen de préserver les conventions pour l'extérieur (« on passe encore pour une famille »). Les femmes demandent surtout un soutien financier et que l'homme joue son rôle de père. Les hommes aussi restent pour maintenir le couple parental, mais ils demandent en plus des contreparties sexuelles et domestiques : un foyer bien tenu et le repos du guerrier. Autour de cet arrangement singulier, chacun essaie avec plus ou moins de bonne volonté que les crises ne soient pas trop violentes. Paradoxalement, le fait que le couple soit déclaré comme étant bel et bien mort peut faciliter les choses. Yasmin par exemple a établi le contrat suivant : son ex-conjoint, père de ses enfants, s'il veut continuer à vivre à la maison, doit s'occuper des petits et s'acquitter d'une sorte de loyer (« Tu restes si tu paies »). Dans le ménage d'à côté, Curtis, ancien mari, est devenu le « colocataire-canapé de Tonya* ». C'est quand on s'obstine à penser qu'il reste un peu d'amour, bien qu'il tourne au vinaigre, que tout devient plus compliqué.

* *Ibid.*

Le véritable piège, qui est au cœur de ce livre, est différent de cette simple cohabitation chaotique. Il s'installe lorsque l'engrenage de souffrance et de harcèlement plonge les protagonistes dans des profondeurs abyssales. L'impossibilité de fuir cette évolution fatale devient alors caractéristique de ce mécanisme étrange. Le piège se forme quand l'énergie vitale disparaît et que la vie se présente désormais comme un destin, incontournable, implacable, plus fort que soi. Évidemment, cela n'arrive pas par hasard. À l'origine se trouve très souvent un travail de sape du partenaire ayant réussi à briser l'estime de soi. L'amour que la victime continue à prodiguer malgré tout à son bourreau n'en est que plus admirable. Admirable mais mortifère. Car, à notre époque où la confiance en soi (devenue un élément-clé de l'autonomie personnelle) se construit sous le regard des autres, donner exagérément son amour à un proche qui ne le mérite pas peut être source de déséquilibres psychologiques et de souffrances à venir. L'agapè seule ne suffit plus aujourd'hui dans le couple, bien qu'elle reste la base de toute construction durable. Il faut y ajouter au moins un petit grain de passion, et un autre de clairvoyance intellectuelle. Il faut savoir partir quand l'amour est mort. Quand tout amour est mort, la vie à deux se transforme en enfer.

Message d'amour

Quand tout amour est mort, y compris, peut-être surtout, sa forme la plus discrète mais fondatrice de ce que j'ai appelé la règle d'or du couple : la relation de complicité, de reconnaissance et de confiance mutuelles. Les situations dramatiques qui nous ont été racontées (tant de cris, tant de haine !) illustrent par la négative combien le couple est habituellement basé sur l'amour, même quand les conjoints pensent avoir perdu toute intensité sentimentale.

Dans ses livres sur le couple et l'amour devenus des classiques, Francesco Alberoni, par ailleurs très fin observateur de nos vies affectives, reprend beaucoup trop l'idée communément partagée selon laquelle, après le choc amoureux des débuts, le couple se transforme en une simple institution routinière*. Une telle conception est fausse, et ses effets peuvent être tragiques. Certes, le couple s'institutionnalise et se protège dans une quantité de routines et de rituels. Une routine en soi n'est jamais un problème, encore moins un rituel, surtout quand il marque une petite bulle de bonheur. Une routine a pour effet de donner des repères à l'existence et de diminuer la charge mentale, libérant l'esprit de la gestion du quotidien. Elle ne devient négative que lorsqu'elle se fait trop envahissante, remplissant

* Francesco Alberoni, *Le Choc amoureux*, Ramsay, 1986.

l'existence jusqu'à la saturer, empêchant que puisse s'exprimer une véritable présence au partenaire conjugal. L'agapè ordinaire établit un rempart contre cette dérive, par des mots tout simples, des gestes qui n'ont l'air de rien, mais qui disent à chaque instant que l'on se place sous le règne de la règle d'or. L'amour se réinvente ainsi tous les jours, même après cinquante ans de vie commune, par l'engrenage vertueux de la générosité et de la reconnaissance mutuelle. Sans cet élan continuellement renouvelé, le couple s'enfonce en effet dans une routine qui sature l'existence, créant un monde d'ennui et de regrets.

Parfois, la dérive en reste là, dans cet entre-deux qui n'est pas l'enfer, mais certainement pas le paradis. D'autres fois, hélas, s'ouvre le drame du vrai piège. Il suffit souvent pour cela que l'un des deux supporte trop mal cette conjugalité devenue morose et tente de rétablir son équilibre psychologique en s'acharnant sur son conjoint (qui par les critiques et les cris, qui par le retrait et le silence), avec en point de mire la destruction de son estime de soi pour rétablir la sienne propre. Apparaissent alors des manifestations de déconsidération, voire de mépris, qui sont à l'exact opposé de la confiance et de la reconnaissance. L'engrenage pervers est enclenché, et le piège, inexorablement, se referme.

Ce livre, diront certains, est horriblement noir, triste, déprimant. Certes, la souffrance qu'il raconte est terrible, l'incompréhension mutuelle parfois insupportable. Mais je pense qu'une tout autre lecture peut en être faite. Les couples pris au piège (ou en situation de crise violente) restent une minorité. Le plus grand nombre réussit à construire un petit monde de bien-être partagé. En détaillant le pire, les témoignages font ressortir à quel point très souvent nous ne prenons pas suffisamment conscience du meilleur, qui est là, sous nos yeux. Ils nous montrent à quel point l'amour au quotidien est un bien précieux. La chute infernale vers le piège commence parfois sans que les deux protagonistes s'en rendent compte, par un simple grain de sable dérisoire. Il faut se méfier du moindre grain de sable grippant la belle mécanique de l'entente conjugale.

Que nous soyons homme ou femme, le piège conjugal établit son emprise selon les mêmes principes. L'abandon insidieux de la règle d'or débouche un jour, à l'occasion d'un effondrement intérieur plus grave que les autres, sur une dévalorisation plus ou moins méprisante du partenaire, harcèlement larvé qui donne l'impression de faire du bien à celui ou celle qui se défoule ainsi. Si l'autre réagit, c'est la crise ouverte. S'il ne dit rien et continue comme si de rien n'était, espérant naïvement un avenir meilleur, il est hélas fort probable qu'il s'agisse là de la première étape d'un long chemin de croix. Le piège commence à se mettre en place.

Le cri des femmes et le silence des hommes

J'aurais pu écrire cet ouvrage en suivant la seule ligne directrice de la drôle de crise conjugale (comme on a parlé de la drôle de guerre en 1939), insaisissable et molle, qui engloutit en brisant la confiance en soi et l'énergie vitale. Mais les témoignages montraient aussi qu'hommes et femmes ne se positionnaient pas de la même manière, et il me semblait intéressant de creuser cette autre piste. Cela avait commencé par l'avalanche de cris de femmes sur mon blog, si torrentielle que j'aurais pu penser que le piège fonctionnait toujours dans le même sens. Les femmes sont en effet plus souvent dans la position d'être les victimes. Notamment quand les conditions matérielles ajoutent aux difficultés, que la petitesse de leurs revenus les empêche de claquer la porte. Parce qu'elles sont plus engagées au centre du fonctionnement familial également, ce qui leur interdit les petites prises de distance compensatrices qu'utilisent si fréquemment les hommes et explique qu'elles s'expriment davantage. Enfin parce qu'elles restent les grandes rêveuses d'un ailleurs merveilleux et que leur quotidien leur en apparaît parfois d'autant plus médiocre. Les femmes beaucoup plus que les hommes se font piéger, et c'est donc logiquement au féminin que le titre de ce livre est rédigé.

Mais nous avons vu aussi que les rôles pouvaient s'inverser, la femme harcelant un homme qui s'accroche désespérément à ce qui reste d'amour. Témoignages plus rares : un seul cas a été vraiment détaillé. Il faut cependant se souvenir de deux choses. La première est cette irrémédiable propension des hommes au silence dès que les tensions s'exacerbent dans un couple, cependant que les femmes au contraire parlent encore plus fort. Bénédicte, femme piégée en grande souffrance, reconnaît qu'elle est « trop vindicative » avec son mari. Irène ne peut s'empêcher de hurler : « J'ai un peu honte parce que je ne suis comme cela qu'avec lui, mais je l'insulte beaucoup, je pique des colères très violentes (je hurle, je ne tape pas) et incontrôlables. » Bien que les femmes soient manifestement plus nombreuses à être piégées, le silence des hommes tend à masquer qu'il leur arrive de l'être aussi. D'autant que, et c'est la seconde chose dont il faut se souvenir, ils trouvent de plus en plus leur place, à leur manière, dans l'agapè domestique, cet amour inconditionnel qui est une des grandes vertus salvatrices de notre époque menacée par le cynisme, l'égoïsme et l'inhumanité. L'amour inconditionnel nous sauve collectivement, mais certains en paient le prix fort, quand ce magnifique sentiment se transforme en instrument de renforcement du piège.

Masculin/féminin

Je l'ai dit déjà plusieurs fois et je le répète : masculin et féminin ne s'opposent pas en bloc comme l'eau et le feu. Chacun d'entre nous est avant tout une personne, très particulière, différente des autres. Et le processus d'autonomisation individuelle s'approfondit historiquement : nous sommes de moins en moins déterminés *a priori* par des rôles de genre, ceux qui autrefois dictaient nos comportements en tant qu'hommes ou en tant que femmes. Tous les hommes ne sont pas silencieux, et quand ils le sont ce n'est pas de la même manière ; toutes les femmes ne crient pas. Laurie par exemple gère sa souffrance en s'enfermant elle aussi dans le silence.

Cela n'interdit pas de proposer des schémas opposant le masculin et le féminin quand ils se révèlent pertinents. Max Weber, l'un des fondateurs de la sociologie, a été parmi les premiers à proposer cet instrument d'analyse, notamment au travers de sa grande étude sur le protestantisme. Il y a mille manières d'être protestant, comme il y a mille manières d'être homme ou d'être femme. Au travers de cette diversité, cependant, se dégage un « type idéal » qui permet de comprendre bien des choses. On sait l'usage que fait Weber de cette typification, en démontrant le lien existant entre cette éthique religieuse et l'« esprit du capitalisme». Je n'aurai pas l'audace de me comparer à lui, et mon propos est beaucoup plus modeste. Mais, à la condition de ne jamais oublier que la typification est un simple instrument, l'opposition masculin-féminin offre un angle d'attaque très précieux pour comprendre ce qui se passe dans les couples d'aujourd'hui. On le voit dans ce livre: des manières d'être tout à fait typiques des hommes et des femmes se mettent en place dès que le piège se forme.

Des manières typiques, mais pas toujours simples à décrypter (et cela permet d'éviter une naturalisation exagérée des catégories de genre). Car le masculin et le féminin sont traversés par une évolution historique qui les transforme profondément. Les façons d'être un homme et les façons d'être une femme sont en train de changer très vite, et l'opposition des deux catégories prend donc des configurations multiples.

Du côté des hommes

Regardons du côté des hommes. Une longue, très longue tradition a dessiné les contours d'une masculinité qui pouvait sembler éternelle. Les premières sociétés avaient fondé toute une symbolique liant les hommes, le feu, la guerre, l'autorité et la virilité. Françoise Héritier a écrit de très belles pages sur ce moment fondateur dont les effets ont perduré pendant des siècles et des siècles*. En quelques dizaines d'années (ce qui n'est rien au regard de l'histoire), tout cet ensemble se déstructure assez brusquement sous nos yeux pour laisser place à ce qui ressemble à son contraire, un homme devenant doux et gentil, joueur, comme un enfant. Évolution trop rapide, trop radicale peut-être. Car les femmes, qui avaient critiqué le machisme et souhaité ce changement, semblent aujourd'hui regretter un peu ce qui a été perdu. Quand ils deviennent trop doux, trop mous, on entend de-ci de-là des voix féminines réclamant des hommes qui soient de «vrais hommes». Revendication qui tend à s'amplifier, car elle émerge à une époque qui durcit toutes les crispations identitaires, marquant les frontières entre les groupes et favorisant les oppositions. Après de belles avancées dans le mouvement vers l'égalité entre les hommes et les femmes (mouvement qui nécessite au contraire un assouplissement des identités de genre), il semble bien que nous assistions actuellement à un léger retour en arrière. Je me résume: un ordre symbolique presque inchangé pendant des siècles, puis une brusque inversion, avant une nouvelle indécision très récemment. La masculinité est en plein chantier de redéfinition de ses repères. Chaque

* Françoise Héritier, *Masculin/féminin. La pensée de la différence*, Odile Jacob, 1995.

homme trouve ses marques particulières. Les uns, surtout parmi les plus fragilisés, en exprimant aujourd'hui comme hier leur identité d'hommes par une virilité rugueuse, voire violente. Les autres ayant totalement basculé vers le nouvel idéal-type de l'homme insouciant et joueur. Les derniers enfin surfant sur la vague proclamant qu'être un brin macho plaît aux femmes et est furieusement tendance.

Du côté des femmes

Regardons du côté des femmes. Leur symbole premier fut l'eau, et elles furent attachées dès le début aux tâches ménagères et aux activités familiales. Depuis des siècles et des siècles, elles sont les pivots de la famille. Elles inventèrent et enrichirent, je l'ai dit, l'univers de chaleur affective du foyer, de complicité et de tendresse. Se battant si besoin contre les hommes, rivés au comptoir de l'« assommoir », pour les entraîner dans ce petit monde d'amour. Zola en a dressé des portraits éloquents. Les moralistes du XIXe siècle, à longueur de manuels et de pamphlets, dessinèrent l'image de ce que devait être la femme idéale : mère aimante, réservée, douce, prévenante pour son mari*. Certes, il existait aussi des femmes pas si douces que

* Yvonne Knibiehler et Catherine Fouquet, *Histoire des mères*, Pluriel, 1982.

cela, fortes, autoritaires, s'exprimant à voix haute. Mais elles savaient elles aussi rester à leur place, exercer leur pouvoir dans les limites prescrites.

Le courant nouveau qui se développe aujourd'hui est bien différent de ces personnages au caractère trempé. Car un profond mouvement historique poussant les femmes vers la réalisation de leur autonomie individuelle remet en cause non seulement leur douceur soumise, mais aussi leur rôle de pivot de la famille. La famille n'existait autrefois que parce que les femmes se donnaient corps et âme pour qu'elle fonctionne. Aujourd'hui, pour une majorité de femmes, tout commence par l'affirmation de soi à la jeunesse, à travers des études où elles réussissent mieux que les garçons et des projets personnels, notamment professionnels, qui les incitent à repousser les engagements conjugaux. Souvent, un peu après la trentaine, une tempête s'empare de leurs pensées, une angoisse pour l'avenir, la peur de ne pas pouvoir fonder une famille. Et les femmes basculent dans une sorte de deuxième vie, radicalement différente, où elles vont tenter de combiner leur autonomie acquise avec un rôle assez traditionnel. Ce qui peut provoquer bien des déchirements, dont nous avons eu des témoignages.

Mais une minorité grandissante de femmes ne se résignent pas, quand approche l'âge limite pour avoir des enfants, à cette sorte de retour vers le passé traditionnel. Elles se font dures et exigeantes dans l'examen des candidats maris potentiels. Si former un couple signifie avoir une vie médiocre et soumise, alors autant rester célibataire. La question n'est d'ailleurs pas tant le couple (dont il semble aujourd'hui qu'un assez grand nombre de personnes pourraient se passer) que le fait qu'il est quand même plus simple d'être deux pour élever un enfant. La question, c'est l'enfant. Or, dans plusieurs pays en Europe (un peu moins pour le moment en France), des femmes décident délibérément de ne pas avoir d'enfant pour ne pas risquer d'être assujetties et dévorées par le fonctionnement domestique. Des femmes qui imposent aussi un style nouveau dans les relations avec les hommes, sûres d'elles et décomplexées, intimidantes. Un style frôlant parfois la provocation, légitimée par la résistance des inégalités de genre. Tant de décennies de combats féministes n'ont toujours pas permis en effet que le partage des tâches ménagères soit égalitaire ou que les femmes aient le droit de parler de sexe comme le font les hommes. Cela mérite bien quelques gestes impertinents et quelques mots haut placés. Des jeunes femmes de plus en plus nombreuses cherchent à s'émanciper des assignations traditionnelles de la féminité : douceur et soumission. En rompant si besoin radicalement avec le don de soi affectif qui fondait le petit monde amoureux. Au-delà de la gouaille provocatrice, engendrant un ton dur et cassant, peut alors émaner d'elles une froideur et une sécheresse étonnantes. À l'exact opposé de la douceur caressante qui depuis des siècles avait fait que les femmes étaient des femmes.

Des identités complexes et mouvantes

Traditionnellement, hommes et femmes occupaient des positions bien précises qui structuraient leurs échanges, entre autorité, force, argent d'un côté, et douceur caressante, don de soi, de l'autre. Aujourd'hui, la double évolution des identités masculines et féminines peut quelquefois provoquer une inversion complète et mettre une femme autoritaire et cassante aux prises avec un homme si introverti et passif qu'il peut même accepter d'être battu sans rien dire. Ce dernier cas demeure cependant assez rare, le schéma classique restant surreprésenté, comme l'ont montré ces si nombreux cris de femmes, piégées parce qu'elles ne peuvent rompre avec l'amour qui avait donné sens à leur vie. La plupart des situations s'inscrivent en fait dans des configurations complexes où hommes et femmes picorent dans le nouveau et l'ancien pour bricoler des identités composites.

Un dernier mot enfin. Un texte n'existe que par son lecteur, qui en fait une interprétation personnelle et l'usage qu'il désire. L'auteur n'a rien à dire à cela, il n'a pas à imposer une interprétation, le texte qu'il propose ne lui appartient plus dès lors que le lecteur s'en empare. Que l'on me permette néanmoins de souhaiter que ce livre ne soit pas utilisé pour régler des comptes trop faciles entre hommes et femmes, en attribuant des mauvais points et en lançant des accusations globalisantes. Ce n'est ni la faute des uns pris dans leur ensemble, ni la faute des autres. Il ne faut jamais oublier que, lorsqu'un piège se referme, ce drame résulte toujours d'une interaction, d'un système d'échange entre deux partenaires où la souffrance de l'un rejaillit sur la souffrance de l'autre, installant l'engrenage qui fait plonger vers l'abîme. Transformer l'autre en coupable, et seul coupable, de tous les maux ne fait souvent qu'aggraver les tensions. S'il reste une chance pour s'en sortir, elle est dans toute une suite de petits riens, chaque jour, pour réinstaller de minuscules bribes de confiance, d'éphémères sensations de complicité, voire un mot, un geste, qui pourrait ressembler, même de loin, à de la tendresse. C'est parfois ainsi, à partir de ce qui pourrait sembler dérisoire, que l'on peut parvenir à inverser la spirale des échanges et remettre à flot un couple qui paraissait sur le point de sombrer.

Sauf quand le piège est si lourdement refermé sur soi qu'il n'y a plus rien à espérer. Et qu'il ne faut plus rien espérer.

Qu'il faut partir.

Dernières nouvelles

Au moment de terminer la rédaction de ce livre, j'ai essayé de savoir ce qu'étaient devenus mes principaux témoins.

Nina ne répond plus à mes courriers, j'ignore même pourquoi, je ne sais pas ce qui lui est arrivé depuis son témoignage.

Antonin a obtenu un nouveau travail, très loin, à l'étranger. Il ne vit plus avec Laurie mais ne souhaite pas s'expliquer, il a tourné la page, il veut définitivement oublier ce chapitre de son histoire.

Élise, elle, est plus que jamais engluée dans le piège. Dernière péripétie : elle veut croire à nouveau que leur couple peut renaître de ses cendres, tout en maintenant la date prévue pour son départ ; la contradiction est totale. « Je dois vous dire que j'ai fait une sorte de burn-out fin novembre, et je suis actuellement traitée pour une dépression. Avec mon conjoint, cet épisode lui a fait prendre conscience que notre relation était au bord du divorce, nous essayons de retrouver la tendresse qui manquait à notre couple, je suis pour le moment trop fragilisée pour prendre une décision sur ce sujet. Je me laisse le temps, jusqu'aux 3 ans de ma petite fille (qui a 18 mois), comme je vous l'avais déjà dit. »

TABLE

Si vous souhaitez être tenu informé des parutions et de l'actualité des éditions Les Liens qui Libèrent, visitez notre site :
http://www.editionslesliensquiliberent.fr

Achevé d'imprimer en février 2016
par Normandie Roto Impression s.a.s. à Lonrai
Dépôt légal : mars 2016
N° d'impression : 1600342
Imprimé en France